T0209044

50 Keywords Wirtschaftssoziologie

Springer Fachmedien Wiesbaden
Hrsg.

50 Keywords
Wirtschaftssoziologie

Hrsg.
Springer Fachmedien Wiesbaden
Wiesbaden, Deutschland

ISBN 978-3-658-39307-6   ISBN 978-3-658-39308-3 (eBook)
https://doi.org/10.1007/978-3-658-39308-3

Die Deutsche Nationalbibliothek verzeichnet diese Publikation in der Deutschen Nationalbibliografie;
detaillierte bibliografische Daten sind im Internet über http://dnb.d-nb.de abrufbar.

Springer Gabler
Lektorat/Planung: Carina Reibold
Springer Gabler ist ein Imprint der eingetragenen Gesellschaft Springer Fachmedien Wiesbaden GmbH
und ist ein Teil von Springer Nature.
Die Anschrift der Gesellschaft ist: Abraham-Lincoln-Str. 46, 65189 Wiesbaden, Germany

Inhaltsverzeichnis

Über die Autoren

Prof. Dr. Thomas Bartscher Hochschule Flensburg
Themengebiet: Grundlagen und Funktionen der Personalführung

Prof. Dr. Franz-Rudolf Esch Universität Gießen
Themengebiet: Kommunikationspolitik

Prof. Dr. Günter W. Maier Universität Bielefeld
Themengebiet: Arbeits- und Organisationspsychologie

Dr. rer. pol. Enrico Schöbel IWT - Institut der Wirtschaft Thüringens GmbH (IWT), Erfurt
Themengebiet: Neue Politische Ökonomie

Prof. Dr. Kai-Ingo Voigt Univ. Erlangen-Nürnberg
Themengebiet: Grundlagen der Industriebetriebslehre

Prof. Dr. Hans-Werner Wohltmann Universität Kiel
Themengebiet: Makroökonomik

A

Arbeit

Zielgerichtete, soziale, planmäßige und bewusste, körperliche und geistige Tätigkeit. Ursprünglich war Arbeit der Prozess der Auseinandersetzung des Menschen mit der Natur zur unmittelbaren Existenzsicherung; wurde mit zunehmender sozialer Differenzierung und Arbeitsteilung und der Herausbildung einer Tauschwirtschaft und Geldwirtschaft mittelbar.

In der Antike und im Mittelalter waren die Begriffsinhalte von Arbeit negativ und abwertend: Arbeit galt als unwürdige Tätigkeit, deren sprachliche Synonyme Mühsal, Plage, Last und Not waren; sie wurde dadurch zur Angelegenheit der unteren sozialen Schichten. Erst durch die christliche Religion erhielt Arbeit eine positive Bestimmung; besonders in der protestantischen Ethik ist Arbeit identisch mit Pflichterfüllung und gottgefälligem Tun, und in einer asketischen, durch Arbeit geprägten Lebensweise wird bereits im Diesseits die Vorbestimmtheit für die ewige Seligkeit sichtbar. Die positive Bewertung von Arbeit hat sich in den sich früh industrialisierenden westlichen Gesellschaften durchgesetzt; Weber (1864–1920) sah in der protestantischen Ethik die Voraussetzungen für

© Springer Fachmedien Wiesbaden GmbH, ein Teil von Springer Nature 2023
Springer Fachmedien Wiesbaden (Hrsg.), *50 Keywords Wirtschaftssoziologie*,
https://doi.org/10.1007/978-3-658-39308-3_1

den kapitalistischen Industrialisierungsprozess. Auch gegenwärtig wird Arbeit, auch Arbeitseinkommen und der sich darin dokumentierende Erfolg, positiv bewertet.

I. Volkswirtschaftstheorie

Produktionsfaktor neben Boden und Kapital. Arbeit ist wie Boden ein originärer Produktionsfaktor.

Problematisch ist, dass die Untrennbarkeit von Mensch und Arbeitskraft unberücksichtigt bleibt; deshalb wird Arbeit als eigentlicher Produktionsfaktor, Boden und Realkapital als Produktionsmittel bezeichnet.

Da die Person des Arbeitenden und die Abgabe von Arbeitsleistungen nicht trennbar sind, kann eine zunehmende Arbeitsteilung (Spezialisierung) eine höhere Produktivität und Selbstentfaltung (Smith), aber auch eine Einschränkung der Selbstbestimmung und Selbstentfaltung bis hin zur völligen Fremdbestimmung des Arbeitnehmers (Marx) darstellen; sie kann Ursache sozialer Spannungen sein. Dem entgegenzuwirken, ist Zweck der Betriebsverfassungs- und Mitbestimmungsgesetze, s. Mitbestimmungsgesetz (MitbestG).

In der kurz- und mittelfristig ausgerichteten keynesianischen Makroökonomik ist Arbeit der einzige variable Produktionsfaktor. Dabei erfolgt seine Entlohnung gemäß der neoklassischen Grenzproduktivitätstheorie. In neoklassisch geprägten Ansätzen erfolgt die Herleitung des Arbeitsangebots aus Nutzenmaximierungsansätzen eines repräsentativen Haushalts (Arbeitsmarkt). Dabei wird Arbeit (im Gegensatz zur Freizeit) grundsätzlich als Leid empfunden, d. h. ist mit einem negativen Grenznutzen verbunden.

II. Ethik

1. *Allgemein* galt Arbeit im griechischen Altertum als Praxis und damit gegenüber Theorie als minderwertig, so erfährt sie durch das „Bete und arbeite" des Benedikt von Nursia eine erste Aufwertung. Seit der Refor-

mation und bes. seit Hegel und Marx wird Arbeit zur Grundbestimmung des Menschen.

2. *Wirtschaftsethisch* von Bedeutung ist Arbeit im Zusammenhang mit

(1) einer Humanisierung der Arbeitswelt,

(2) dem Gedanken der Selbstverwirklichung des Menschen durch und in Arbeit (beides zusammen führt zu neuen, modernen Formen der Arbeitsorganisation) und

(3) verbreiteter Massenarbeitslosigkeit. Bei der Arbeitslosigkeit geht es nicht nur um angemessene soziale Sicherung der Arbeitslosen, da Arbeit zur Identität des modernen Menschen gehört. Obwohl es ein einklagbares individuelles „Recht auf Arbeit" wegen der ökonomischen Anreize zur Arbeit auch wirtschaftsethisch nicht geben kann (Wirtschaftsethik), bleibt Arbeitslosigkeit eine sozialpolitische Herausforderung.

III. Soziologie

Arbeit ist ein Prozess, in dem Menschen soziale Beziehungen eingehen, die im gesamten Lebenszusammenhang von zentraler Bedeutung sind; hierzu gehören die Strukturierung der Zeit, die soziale Anerkennung und das Selbstwertgefühl.

Die Formen der Arbeit bestimmen die Art der sozialen Beziehungen auch über den Arbeitsprozess hinaus und sind Ausdruck des Entwicklungsstandes von Gesellschaften, ihrer sozialen Strukturen, Organisations- und Kooperationsformen und Herrschaftsordnungen; demzufolge stehen sozialer Wandel und die Veränderung von Arbeitsformen und Arbeitsinhalten in enger Beziehung. Arbeit und Gesellschaft sind seit der Industrialisierung einem Wandel ausgesetzt, der vorwiegend durch die Entwicklung der Technik und die zunehmende Digitalisierung der Wirtschaft bestimmt ist, die die Arbeit unmittelbar betrifft und zu Strukturwandlungen in Wirtschaft und Gesellschaft führt.

Ein wesentlicher Aspekt für die Zukunft der Arbeit ist die zunehmende Freizeit, durch die die zentrale Stellung der Arbeit im menschlichen Lebenszusammenhang und die Bedeutung der Arbeit für die sozialen Beziehungen berührt wird. Es ist sehr wahrscheinlich, dass ein Bedeutungswandel von Arbeit eintritt, weil Erwerbstätige im Verlauf ihres Arbeitslebens mehrfach ihren Betrieb und ggf. ihre Tätigkeit wechseln müssen und zunehmend gezwungen sind, durch den fortschreitenden technologischen Wandel ihr Humankapital zu verbessern.

IV. Arbeitswissenschaft/Industriebetriebslehre

Ursprünglich wurde Arbeit nur als Ausdruck der ökonomisch relevanten Kostengütermenge Arbeit betrachtet. Die Definition ging von den ökonomischen Wirkungen der Arbeit aus, die auf Nutzung der Arbeitskraft in der Zeit beruht: Arbeit = Arbeitskraft × Arbeitszeit.

Arbeitskraft und Arbeitszeit sind jedoch keine ökonomischen Begriffe oder Tatbestände, sondern haben in Physik, Physiologie, Soziologie, Psychologie etc. ihre Wurzeln. Aus diesem Grund wird heute Arbeit wesentlich umfassender als ein Potenzial des Menschen zur Existenzsicherung verstanden, für einen Teil der Erwerbstätigen auch der Selbsterhaltung.

Assoziation

Zumeist freiwillige Verbindung von Gruppen (aber auch einzelnen Personen) u. a. sozialen Gebilden (z. B. Organisationen) zu Gruppen-, Zweck-, Interessenverbänden (wie Gewerkschaften, Genossenschaften, Sportverbänden).

Der Begriff *Assoziierung* ist teilweise gebräuchlich zur Bezeichnung aller sozialen Prozesse, die zu Verbindungen unter Menschen führen im Gegensatz zu Assoziationen zur Kennzeichnung aller so zustande gekommenen Kontakte, Vereinigungen etc.

Autorität

Bezeichnung für die Möglichkeiten einer Person, Gruppe oder Institution, Einfluss auf andere Personen auszuüben und ggf. den eigenen Willen gegenüber diesen durchzusetzen, wodurch sich ein Verhältnis der Über- und Unterordnung konstituiert. Mit Autorität verbinden sich Herrschaftsansprüche, die unterschiedlich begründet sind.

Formen der Autorität:

a) Personale Autorität: Der Anspruch auf Autorität wird mit personengebundenen Merkmalen (z. B. Körperkraft, Leistung, Alter, Wissen, Erfahrung) begründet.

b) Funktionale Autorität (professionelle Autorität): Beruht auf überlegener und nachweisbarer Sachkunde oder Wissen.

c) Positionale Autorität: Leitet sich aus der Position, dem Amt oder dem Rang ab und besteht unabhängig von der Person des Positionsinhabers.

Die Formen der Autorität überlagern sich. Wesentlich für die Geltung, Reichweite, Stärke und Dauer einer Autorität und des aus ihr abgeleiteten Herrschaftsanspruchs ist, dass die Untergeordneten diesen Anspruch als legitim anerkennen.

Mit dem Begriff Autorität werden weiterhin Einrichtungen und Symbole als Repräsentanten anerkannter Werte sowie Personen, die aufgrund sittlich-moralischer Qualitäten anerkannt werden, bezeichnet.

B

Befragung

1. *Begriff:* Informationsgewinnungsmethode zur Erhebung von Daten. Gegenstand von Befragungen ist z. B. die Gewinnung von Informationen über bisheriges Kaufverhalten, zukünftiges Verhalten sowie über Einstellungen und Motive der Befragten.

2. *Anlässe:*

a) Befragung zu wissenschaftlichen oder staatspolitischen Zwecken durch Forschungsinstitute oder freiberufliche Forscher (Enquete).

b) Befragung im Interesse der Marktforschung bei allen Fragestellungen des Marketings, die aufgrund einer intervenierenden Variablen oder aus wirtschaftlichen Gründen nicht durch Beobachtungen beantwortet werden können.

© Springer Fachmedien Wiesbaden GmbH, ein Teil von Springer Nature 2023
Springer Fachmedien Wiesbaden (Hrsg.), *50 Keywords Wirtschaftssoziologie,*
https://doi.org/10.1007/978-3-658-39308-3_2

3. *Formen:*

a) Nach dem *befragten Personenkreis:* Expertenbefragung und Abnehmerbefragung (Verbraucherbefragung, Händlerbefragung).

b) Nach den *Befragungsformen:* Persönliche Befragung (Interview), schriftliche Befragung, telefonische Befragung (Telefonbefragung) und Internetbefragung oder Onlinebefragung. Die Auswahl der Befragungsform erfolgt u. a. nach der Länge der Befragung (persönlich: lange Befragungen möglich, telefonisch ist in der Mitte, schriftlich und online nur kurze Befragungen), nach den Kosten (persönlich: hoch, telefonisch: mittel, online und schriftlich niedrig), nach den notwendigen Stimuli (z. B. kann man Bilder persönlich und online gut zeigen) und nach der erforderlichen Schnelligkeit (persönlich und schriftlich langsam, telefonisch und online schnell).

c) Nach der *Zahl der zu untersuchenden Themen:* Einthemenbefragung und Mehrthemenbefragung (Omnibus-Befragung).

d) nach der *Häufigkeit* der Befragung: Einmalbefragung (Befragung wird einmalig durchgeführt, auch Ad-hoc-Befragung) oder Wiederholungsbefragung (Befragung wird in regelmäßigen Abständen wiederholt, um Veränderungen zu erfassen), wobei hier unterschieden wird zwischen Panelbefragung (Fragen werden stets an die gleiche Stichprobe gerichtet) und Wellenbefragung (wechselnde Stichproben).

e) Nach den *Arten der Fragestellung (Befragungstaktik):*

(1) Direkte Befragung;

(2) indirekte Befragung: Die Auskunftsperson wird durch geschickte und psychologisch zweckmäßige Formulierung der Fragen veranlasst, über Sachverhalte zu berichten, die sie bei direkter Befragung aus den verschiedensten Gründen verschwiegen oder verzerrt wiedergegeben hätte, oder Zusammenhänge werden durch Korrelationsanalysen oder

experimentelle Anordnungen herausgefunden, ohne dass diese Beziehungen den Auskunftspersonen selbst bewusst werden.

4 *Probleme*: Problematisch sind Befragungen unter Umständen deshalb, weil mit dieser Methode nicht das erhoben wird, was zu erheben beabsichtigt ist (Validität). Die Antworten können falsch oder verzerrt sein, weil die Befragten keine wahre Auskunft geben möchten, weil sie sich nicht mehr richtig erinnern, weil sie die Frage falsch verstehen oder weil durch die Art der Befragung (z. B. Reihenfolge der Fragen, Art der Antwortalternativen) das Antwortverhalten systematisch beeinflusst wird.

5. *EDV-Einsatz bei Befragungen*: computergestützte Datenerhebung.

Beobachtung

1 *Begriff*: Erhebungsmethode in der Marktforschung; systematische, planmäßige Erhebung von Daten ohne Befragung. Bei der Beobachtung wird von einem oder mehreren Beobachtern von außen erkennbares Verhalten registriert.

2. *Arten:*

a) *Nach dem Eingreifen des Beobachters:*

(1) *Teilnehmende Beobachtung:* Der Beobachter nimmt aktiv auf der gleichen Ebene wie der Beobachtete am Ablauf des Geschehens teil. Relativ selten, z. B. wenn zu beobachtendes Verhalten erst durch Versuchsleiter induziert werden muss. Stärkere Bedeutung bei der Messung von Wahrnehmung (z. B. Blickregistrierung, Hautwiderstandsmessung, Messung der Pupillenreaktion).

(2) *Nicht-teilnehmende Beobachtung:* Der Beobachter greift nicht aktiv in das Geschehen ein. Relativ häufig; Anwendung v. a. im Einzelhandel, wobei die Beobachtung durch fotomechanische Apparate durchgeführt

wird (z. B. Messung der Kundenfrequenzen und des Kundenstroms, Messung der Abverkäufe durch die Scanner-Technologie).

b) *Nach den Beobachtungsbedingungen:*

(1) *Feldbeobachtungen:* Das Verhalten der Beobachtungsobjekte wird in ihrer normalen Umgebung studiert; Beobachtungseffekte entfallen weitgehend.

(2) *Laboratoriumsbeobachtungen:* Die Beobachtung erfolgt unter künstlich geschaffenen Bedingungen (Schnellgreifbühne); Beobachtungseffekte sind häufiger.

c) *Nach dem Beobachtenden:* Hier ist zu unterscheiden, ob die Beobachtung durch einen Menschen stattfindet oder unter Einsatz technischer Geräte erfolgt (z. B. kann die Erfassung der Verkäufe mit Scannerkassen im Supermarkt als Beobachtung aufgefasst werden).

3. *Nachteile:* Das beobachtete Verhalten erlaubt nur begrenzt einen Rückschluss auf die dahinter liegenden Beweggründe (Einstellung, Motiv, Bedarf) des Probanden. Deshalb wird die Beobachtung häufig auch mit der Befragung verknüpft, indem z. B. ein Videofilm über die Beobachtung abgespielt und der/die Beobachtete dazu befragt wird.

Betrieb

I. Betriebswirtschaftslehre

1. *Begriff:* Örtliche, technische und organisatorische Einheit zum Zwecke der Erstellung von Gütern und Dienstleistungen, charakterisiert durch einen räumlichen Zusammenhang und eine Organisation, „die auf die Regelung des Zusammenwirkens von Menschen und Menschen, Menschen und Sachen sowie von Sachen und Sachen im Hinblick auf gesetzte Ziele gerichtet ist" (Kosiol).

a) *Örtliche Einheit*: Betrieb ist insoweit der Arbeitsstätte gleichzusetzen, als die Leistungserstellung und -verwertung in einem räumlich und technisch zusammengehörigen, überschaubaren Bereich erfolgt.

b) *Organisatorisch-technische Einheit*: Hilfs- und Nebenbetriebe (Produktionshilfsbetrieb, Produktionsnebenbetrieb) zählen im Gegensatz zur Arbeitsstätte auch dann zur organisatorischen Einheit des Betriebes, wenn sie getrennt vom Hauptbetrieb (Produktionshauptbetrieb) am gleichen Ort und unter derselben technischen Leitung arbeiten. Die organisatorische Kombination des sachlichen Betriebsvermögens mit der verfügbaren Arbeitsleistung durch den Arbeitgeber vollzieht sich im Bereich des Betriebes.

2. *Arten*:

a) nach der *Größe*: Unterscheidung nach der Beschäftigtenzahl, nach Umsätzen, Steuerleistung u. Ä. in Groß-, Mittel- und Kleinbetriebe.

b) nach *Art der (wirtschaftlichen) Leistung*:

(1) Produktionsbetriebe, wie Landwirtschafts-, Handwerks-, Industrie-, Bergbau-Betriebe;

(2) Dienstleistungsbetriebe, wie Verkehrs-, Handels-, Bank-, Versicherungs-Betriebe;

(3) Verwaltungsbetriebe, wie organisatorisch selbstständige Stätten der Dienstleistung in der Gesundheitspflege (Krankenhäuser, Badeanstalten);

(4) Arbeitsstätten der Verwaltung (umstritten).

3. *Abgrenzung*: Häufig wird in Rechtstexten, in der BWL-Literatur oder auch im alltäglichen Sprachgebrauch Betrieb und Unternehmen synonym verwendet. Diese Begriffe lassen sich hingegen wie folgt differenzieren:

a) Ein Unternehmen ist immer Rechtsträger. Hingegen ist ein Betrieb immer einem Rechtsträger zugeordnet. So kann ein Unternehmen aus einem, mehreren bzw. keinem Betrieb (im technischen Sinn) bestehen (z. B. Holding). Das Unternehmen wird durch den Handelsnamen des Kaufmanns (Firma) und die Rechtsform charakterisiert.

b) Im Gegensatz zum Betrieb ist das Unternehmen eine nicht örtlich gebundene Einheit: Standort und räumliche Ausdehnung des Unternehmens decken sich zwar in vielen Fällen mit denen des Betriebes (z. B. beim Ein-Betriebs-Unternehmen). Das Unternehmen kann aber auch aus mehreren Betrieben bestehen, die sich an verschiedenen, voneinander entfernten Orten befinden. Der Betrieb ist in jedem Falle eine örtlich gebundene Einheit.

c) Das Unternehmen wird finanzwirtschaftlich getrennt vom Betrieb behandelt: Die finanzielle Einheit wird durch eine kaufmännische Unternehmensrechnung hergestellt, die im Gegensatz zur Betriebsrechnung (Kosten- und Leistungsrechnung) eine Aufwands- und Ertragsrechnung ist. So kann das Unternehmen auch aus betriebsfremden Vermögensteilen (z. B. Beteiligungen, Wertpapieren) und betriebsfremden Tätigkeiten (z. B. Spekulationen) und Marktveränderungen (z. B. Preissteigerungen infolge politischer Ereignisse) Wertzugänge haben.

d) Auch werden der Erfolg des Unternehmens und der Erfolg des Leistungsbereichs, also des Betriebs unterschieden. Der Gewinn ist das Maß des Betriebserfolgs. Hingegen wird der Erfolg des Unternehmens bestimmt durch die kapitaltheoretische Erfolgsmessung. Hier bemisst sich die Leistungsfähigkeit anhand des Ertragswertes des eingesetzten Kapitals und der Steigerung des Unternehmenswerts.

e) Aus Sicht der Unternehmensführung ist somit nicht Gewinnmaximierung (Betriebserfolg), sondern Rückfluss des eingesetzten Kapitals und Steigerung des Unternehmenswerts (Unternehmenserfolg) das konstituierende Element. Diese Unterscheidung entspricht auch der in der Managementlehre üblichen Bedeutung des Gewinns: Gewinn ist nicht Ziel, sondern nur Mittel der Unternehmensführung (Drucker, Malik). Hingegen wird der Betriebserfolg in der Gewinnmaximierung gesehen.

f) Der Betrieb ist das Instrument des Unternehmens: Das Unternehmen ist die Handlungseinheit der Eigentümer zur Verfolgung privatwirtschaftlicher Ziele. Insofern ist ein Unternehmen eine selbstständig planende und entscheidende, wirtschaftlich und rechnerisch selbstständige Einheit, die Markt-und Kapitalrisiken („auf eigene Rechnung und Gefahr") übernimmt und sich zum Verfolg des Unternehmenszweckes und der Unternehmensziele einer oder mehrere Betriebe bedient. Dieses Prinzip unterscheidet sich vom Prinzip der Gewinnmaximierung oder dem Angemessenheitsprinzip der Gewinnerzielung. I. d. R. wird in dieser Definition des Betriebs Gewinnstreben als zumindest angemessene Verzinsung des betriebsnotwendigen Kapitals definiert. Insofern handelt es sich bei der Gewinnorientierung zunächst um ein konstituierendes Merkmal des Betriebs und um ein Ziel der Betriebsführung. Bei der Steigerung des Ertragswertes des eingesetzten Kapitals und der Unternehmenswertsteigerung jedoch um eine Zielorientierung der Unternehmensführung.

II. Volkswirtschaftslehre

Systemindifferenter Oberbegriff für Wirtschaftseinheiten, die mittels des Einsatzes von Produktionsfaktoren für Dritte Leistungen erstellen. Betriebe in Marktwirtschaften werden als Unternehmungen bezeichnet, wenn sie dem Autonomieprinzip, dem Prinzip des Privateigentums und dem erwerbswirtschaftlichen Prinzip gehorchen.

Der Begriff Betrieb wird umgangssprachlich oft als Synonym für Unternehmung gebraucht. Mit Betrieb können auch nur Teilbereiche der Unternehmung bezeichnet werden.

Betriebssoziologie

1. *Begriff:* Spezielle Soziologie, deren Gegenstandsbereich die Betriebe als Orte der gesellschaftlichen Produktion darstellen. Während die Betriebswirtschaftslehre im Allgemeinen die ökonomischen und technisch-organisatorischen Dimensionen in den Vordergrund stellt, richtet sich das Interesse der Betriebssoziologie auf die sozialen Beziehungen und den Betrieb als soziales Gebilde sowie auf die sachlich-technische Ausstattung

des Betriebs und die damit verbundenen Konsequenzen für Qualifikation, Belastung, Kooperation etc.

2. *Gegenstand:* Struktur und Organisation des Betriebes; Betriebsverfassung, d. h. Praxis und Probleme der betrieblichen Mitbestimmung und Mitwirkung des Betriebsrats als Vertretung der Arbeitnehmer; betriebliche Strategien des Personaleinsatzes (Personalpolitik); Qualifikation und Aus-bzw. Weiterbildung; innerbetriebliche Mitarbeiterstruktur (Arbeiter, Angestellte, Management); Führung; Arbeitseinstellungen und -orientierungen; Folgen technologischer Veränderungen und Innovationen; Information und Kommunikation; Beziehungen zwischen Betrieb und sozialer Umwelt; Probleme von Arbeitsgruppen; Reorganisation und Humanisierung industrieller Arbeit. Die Unterschiede zwischen Betrieben je nach Wirtschaftssektoren (industrieller, handwerklicher Betrieb, Handelsbetrieb, Dienstleistungsbetrieb) und Größe führt zu differenzierten Fragestellungen der Betriebssoziologie.

3. Die Betriebssoziologie ist eng verbunden mit anderen Wissenschaftsdisziplinen, z. B. mit Arbeitswissenschaft, Arbeits- und Organisationspsychologie, Betriebswirtschaftslehre (BWL), entscheidungsorientierte Betriebswirtschaftslehre und verhaltenstheoretische Betriebswirtschaftslehre, Arbeitsrecht.

Bürokrat

Beamter oder Angestellter, der einem Unterordnungsprinzip, eindeutig geregelten Entscheidungsbefugnissen sowie einer Reihe von verhaltensreglementierenden Vorschriften unterliegt. Als abgeleiteter Begriff der Bürokratie wird damit die infolge der zahlreichen Regeln sich ergebende Inflexibilität der Bürokrat im Sinne einer negativen Wortbedeutung unterstellt.

Bürokratie

Legal-rationale Organisationsform, kennzeichnend für jede moderne Verwaltung im öffentlich-staatlichen Bereich sowie in Unternehmen, Betrieben, Verbänden, Parteien, Kirchen, Militärorganisationen etc.

Wesentliche Merkmale (nach Weber): Geordnetes System von Regeln auf der Basis einer Satzung; hierarchisch gegliederte unpersönliche Ordnung von Positionen; Abgrenzung von Komponenten und Zuordnung von Funktionen, Verantwortlichkeiten und Befugnissen; Auslese der Funktionsträger nach formalen Qualifikationen; schriftliche Erfassung und Dokumentation aller Vorgänge, Gleichbehandlung der Antragsteller.

Als Vorteil wird im Allgemeinen die technische Überlegenheit gegenüber anderen Organisations- und Herrschaftsformen in komplexen, hocharbeitsteiligen und differenzierten Gesellschaften hervorgehoben, v. a. Objektivität, Stetigkeit, Berechenbarkeit, Planbarkeit und Zuverlässigkeit.

Probleme: a) Da Zwecke und Ziele der Bürokratie aus individuell-subjektiver Perspektive oft schwer überschaubar und verständlich sind, resultiert ein Unbehagen gegenüber der Bürokratie.

b) Eine Anpassung der internen Struktur an Zielveränderungen in einer sich permanent wandelnden sozialen Umwelt fallen der Bürokratie schwer. Ihre Leistungsfähigkeit sinkt. Zur Erhaltung ihrer Effizienz ist sie von Reformulierungen ihrer gesetzten Ordnung abhängig.

Bürokratismus

Übersteigerung der Bürokratie, die zum Selbstzweck wird und ihre interne Organisation gegenüber den eigentlichen Zielen und Zwecken in den Vordergrund stellt.

C

Clique

Gruppe, die sich durch die Häufigkeit der Interaktion, die sich auf unterschiedliche Verkehrsbereiche bezieht, abgrenzt (z. B. innerhalb einer Schulklasse). In Betrieben und Organisationen Bezeichnung für informelle Gruppenbildungen. Die Messung von Cliquen erfolgt durch die Methode der Netzwerkanalyse.

© Springer Fachmedien Wiesbaden GmbH, ein Teil von Springer Nature 2023
Springer Fachmedien Wiesbaden (Hrsg.), *50 Keywords Wirtschaftssoziologie*,
https://doi.org/10.1007/978-3-658-39308-3_3

D

Differenzierung

1. *Begriff:* Wachstumsstrategie, bei der ein erfolgreiches Angebot (Produkt, Dienstleistung) genauer an die Wünsche der verschiedenen Zielgruppen angepasst wird.

2. *Vorgehensweise:* Die Kunden werden entsprechend ihren unterschiedlichen Anspruchsschwerpunkten segmentiert. Für diese Segmente werden angepasste Produkte entwickelt, die sich in Details unterscheiden. Aus einem Einzelprodukt entsteht eine Produktlinie. Die Differenzierung kann zur Stärkung des Marktauftritts beitragen.

© Springer Fachmedien Wiesbaden GmbH, ein Teil von Springer Nature 2023
Springer Fachmedien Wiesbaden (Hrsg.), *50 Keywords Wirtschaftssoziologie,*
https://doi.org/10.1007/978-3-658-39308-3_4

E

Emotionale Konditionierung

Lernvorgang, der eine emotionale Reaktion auf bislang neutral empfundene Reize hervorruft: Ein neutraler Reiz (z. B. Markenname) wird wiederholt mit einem emotionalen Reiz (z. B. emotionales Bild) gekoppelt, bis der vormals neutrale Reiz in der Lage ist, die beabsichtigte emotionale Reaktion (Emotion) hervorzurufen.
Einsatz v. a. bei Werbung auf gesättigten Märkten.

Entfremdung

1. *Begriff:* Marx zufolge soll der Begriff die negativen Auswirkungen des Privateigentums an den Produktionsmitteln und der fortschreitenden Arbeitsteilung im Kapitalismus auf die arbeitenden Menschen beschreiben. Beides führe zur Entfremdung:

(1) Des Menschen *vom Produkt seiner Arbeit* (da dies nicht ihm, sondern dem Unternehmer gehört);

© Springer Fachmedien Wiesbaden GmbH, ein Teil von Springer Nature 2023
Springer Fachmedien Wiesbaden (Hrsg.), *50 Keywords Wirtschaftssoziologie*,
https://doi.org/10.1007/978-3-658-39308-3_5

(2) der Menschen *untereinander* (da alle zwischenmenschlichen Beziehungen weitestgehend kommerzialisiert würden, sodass sich die Menschen gegenseitig nur als unpersönliche Faktoren wahrnähmen);

(3) des Menschen *von seiner Gattung* (da die Arbeitsteilung den wahren
Charakter der Produktion als gemeinschaftliches, schöpferisches Handeln verdecke);

(4) des Menschen *in und von seiner Arbeit* (da die fortschreitende Arbeitsteilung immer mehr die freie Entfaltung der individuellen Neigungen
und Fähigkeiten einschränke).

2. *Aufhebung der Entfremdung:* Die Entfremdung lässt sich dem Marxismus zufolge erst im Sozialismus bzw. Kommunismus durch *Vergesellschaftung der Produktionsmittel und Abschaffung der herkömmlichen
Arbeitsteilung* aufheben.

3. *Folgen/Beurteilung:* Die Arbeitsteilung abschaffen hieße, einen Pro-
duktivitätsrückschritt großen Ausmaßes zu verursachen, der die entwickelten Volkswirtschaften wieder auf vorindustrielles Niveau herab-
sinken ließe. Gerade die produktivitätssteigernde Wirkung der
Arbeitsteilung hat eine zu Zeiten von Marx ungeahnte Zunahme der
Freizeit und damit der Selbstverwirklichungsmöglichkeiten außerhalb
der Arbeit sowie die Erleichterung der Lebensbedingungen für alle Be-
völkerungskreise gebracht. Da sich im Zuge des technischen Fortschritts
immer zahlreichere unterschiedliche Berufe herausbilden, kann die
arbeitsteilige Spezialisierung selbst zur Verwirklichung der individuellen
Fähigkeiten und Präferenzen innerhalb der Arbeit führen. In welchem
Ausmaß derartige Selbstentfaltungsspielräume entstehen und genutzt
werden können, hat nicht mit der Eigentumsform des Arbeitsplatzes zu
tun, sodass eine Vergesellschaftung der Produktionsmittel selbst in diesem Zusammenhang ohne Belang ist.

F

Freizeit

Zeit außerhalb der Arbeitszeit, über deren Nutzung der Einzelne selbst (frei) entscheiden kann. Im Arbeitszeitgesetzt (ArbZG), § 5 Ruhezeit ist festgehalten, dass Arbeitnehmer nach Beendigung der täglichen Arbeitszeit eine ununterbrochene Ruhezeit von mindestens elf Stunden haben müssen. Freizeit ist insoweit auch als Ruhezeit zu begreifen, in der sich der Arbeitnehmer regenerieren können soll.

Führung

Durch Interaktion vermittelte Ausrichtung des Handelns von Individuen und Gruppen auf die Verwirklichung vorgegebener Ziele; beinhaltet asymmetrische soziale Beziehungen der Über- und Unterordnung. Das Wechselspiel aus legitimierter Machtausübung (Herrschaft) und Unterwerfung bzw. Hierarchie, als Beziehung zwischen Führer und Geführten, sind Kennzeichnen sozialer Gemeinschaften. Die Ausübung von Füh-

© Springer Fachmedien Wiesbaden GmbH, ein Teil von Springer Nature 2023
Springer Fachmedien Wiesbaden (Hrsg.), *50 Keywords Wirtschaftssoziologie*,
https://doi.org/10.1007/978-3-658-39308-3_6

rung bedient dabei unterschiedliche Funktionen, etwa kann sie den Geführten Sicherheit und Orientierung vermitteln. In arbeitsteiligen Organisationen haben Führungsbeziehungen darüber hinaus u. a. den Zweck, Koordination und Zielerreichung zu befördern.

Neben der Orientierung auf die Erreichung von Zielen durch Individuen und Gruppen in Organisationen, Unternehmen, Betrieben etc. bestehen Führungsfunktionen in der Motivation der Mitarbeiter und in der Sicherung des Gruppenzusammenhalts.

Führung wird allg. als *psychologische und soziale Fähigkeit einer Person im Umgang mit* Menschen betrachtet. Neben Persönlichkeitseigenschaften der Führungskraft haben weitere Faktoren wie die fachliche Autorität, die situativen Bedingungen, der Einsatz von Führungstechniken und die sozialen Beziehungen eine entscheidende Bedeutung für eine erfolgreiche Führung, die dadurch zu einem komplexen sozialen Prozess wird.

Führungskompetenz ist durch die formelle Organisation definiert und abgegrenzt *(formelle Führung)*. In Arbeitsgruppen kann sich eine *informelle Führung* herausbilden; diese erfolgt durch Mitarbeiter ohne formelle Führungsposition, die aufgrund ihrer Persönlichkeit, Fachkompetenz und Erfahrung bes. geachtet werden und daher Einfluss ausüben.

Führungsstil

Typische Art und Weise des Verhaltens von Vorgesetzten gegenüber einzelnen Mitarbeitern und Gruppen von Mitarbeiten. Führungsstile sind damit als zeitlich überdauernde und wiederkehrende Muster von Führungsverhalten zu begreifen, die situativ in sich konsistent sind.

1. *Arten*: Als verhaltenstheoretische Führungskonzepte unterscheiden sie unterschiedliche Ausprägungen bzw. Kategorien des Führungsverhaltens und spiegeln diese dann am jeweils bewirkten Führungserfolg. Ziel ist, Aussagen über die Effizienz von Führungsstilen, also von Verhaltensmustern zu treffen. Ab Ende der 1930er-Jahre wurden vielfältige Studien zum Führungsverhalten durchgeführt. Der Vorteil der Betrachtung von Führungsverhalten liegt darin, dass dieses über eine „objektivierbare" Beobachtung messbar ist. Außerdem begründet die verhaltenstheoretische

Perspektive die Annahme, dass erfolgreiches Verhalten erlern- und trainierbar ist. Die ersten Untersuchungen haben auf einem eindimensionalen Führungsstil-Kontinuum aufgesetzt. Ausgehend von den an der Iowa-University von Kurt Lewin und seinem Team (1939) geleisteten Vorarbeiten haben Rensis Likert (1949/1961), Daniel Katz und Robert Kahn (1952) in den sogenannten Michigan-Studien und Robert Tannenbaum und Warren Schmidt (1958) ihre Modelle entwickelt. Auf Lewin beispielsweise geht die Unterteilung demokratischer Führungsstil (Führungskraft beteiligt die Geführten aktiv an Entscheidungen), autoritärer Führungsstil (Führung in unumschränkter Selbstherrschaft ohne Berücksichtigung der Geführten) und Laissez-faire-Führungsstil (Führungskraft lässt die Geführten weitgehend bei allem gewähren) zurück. Die zweidimensionale Systematisierung alternativer Führungsstile liegt u. a. der Ohio-Studie von Edwin Fleishmann (1953) und dem Verhaltensgitter von Robert Blake und Jane Mouton (1964) zugrunde. Die multikategoriellen Klassifikationen alternativen Führungsverhaltens basieren meist auf dreidimensionale Taxonomien. Hierzu zählen das Reifegrad-Modell von Paul Hersey und Ken Blanchard (1982) und der 3D-Ansatz von William Reddin (1977), aber auch die Führungstaktiken von Gary Yukl und Bruce Tracey (1992), die das Zusammenspiel von Aufgaben-, Beziehungs- und Wandlungsorientierung in das Zentrum ihrer Analysen stellen.

2. *Beurteilung:* Zentrale Kritikpunkte an den frühen Führungsstilmodellen sind, dass sie einerseits schablonenartige, z. T. normative Verhaltensmuster transportieren und andererseits den Führungsprozess als solchen vernachlässigen und damit auch weitere bedeutsame Komponenten. Sie seien zu idealtypisch und schlicht, um die Komplexität des Führungsalltags adäquat abzubilden. Modifikationen und Mischungen von Führungsstilen entstehen durch die Persönlichkeit des Vorgesetzten und die Stärke seiner Positionsmacht, durch die situativen Bedingungen (Führungssituation), in denen geführt wird, sowie durch die Ansprüche, Qualifikationen, Erfahrungen und Kompetenzen der Mitarbeiter und die Art der sozialen Beziehungen in der Gruppe. Neben der Führungssituation sind die Ausprägungen der Kompetenz und des Engagements der Mitarbeiter damit ausschlaggebend für die Anwendung unterschiedlicher Führungsstile. Diese Argumente finden in der neueren verhaltens-

orientierten Führungsforschung ihren Niederschlag, ebenso in situativen, transaktions- und transformationsorientierten Führungsmodellen.

Führungstechniken

Handlungsempfehlungen zur Gestaltung von Führungssituationen und zum Führen von Mitarbeitern in Organisationen. Es soll aufgezeigt werden, wie direkte Personalführung zu gestalten ist, um deren Zielstellung zu verwirklichen, nämlich die Arbeitsleistung der Mitarbeiter zu beeinflussen und Unternehmensziele zu verwirklichen. Einerseits werden Mechanismen der Personalführung beschrieben (deskriptive Funktion), die in der betrieblichen Praxis angewendet werden. Andererseits enthalten Führungstechniken Empfehlungen, wie Führung in Organisationen gestaltet werden sollte (normative Funktion). Führungstechniken werden im Rahmen unterschiedlicher Führungsstile und allgemeiner Managementtechniken wie Management by Objectives als Führungsmittel in unterschiedlicher Ausformung angewendet. Der nachfolgend dargestellte Führungskreislauf verweist auf typische Führungsanlässe.

Abbildung: Führungstechniken des Führungskreislaufes

Führungstheorien

Aussagensysteme zur Erklärung von Führungserfolg. Es können fünf wesentliche Entwicklungslinien führungstheoretischer Ansätze unterschieden werden. Die eigenschafts-, verhaltens- und situationstheoretischen Führungskonzeptionen gelten in diesem Zusammenhang als klassische Ansätze der Mitarbeiterführung. Die interaktions- und evolutions-/transformationstheoretischen Führungskonzeptionen werden als neuere Ansätze der Mitarbeiterführung bezeichnet (siehe Abbildung).

klassische Forschungsansätze der Mitarbeiterführung			neuere Forschungsansätze der Mitarbeiterführung	
Eigenschaftstheorien	Verhaltenstheorien	Situationstheorien	Evolutions-/ Transformations- theorien	Interaktionstheorien
– Charismatische Führung – Attributions- theorie	– Führungsstile nach Lewin – Führungsstil- kontinuum Tannenbaum/ Schmidt – Michigan-Studien – Ohio-Studien – Verhaltensgitter – 3 D-Programm – Reifegrad-Modelle – Einflusstaktiken – einstellungs- orientierte Ansätze	– Entscheidungs- modell – Kontingenzmodell – Weg-Ziel-Theorie – Substitutions- theorie – Implizite Führungs- theorie	– lebenszyklus- orientierte Konzepte – biologisch- evolutionäre Konzepte – teleologisch orientierte Konzepte – dialektische Konzepte	– iterative Rollenentwicklung – Entwicklungszyklen der Beziehungsreife – LMX-Modell

Abbildung: Ausgewählte Führungstheorien (Bartscher/Nissen 2017)

Eigenschaftstheorien (Eigenschaftstheorie der Führung) erklären den Führungserfolg mit Persönlichkeitsmerkmalen von Führungskräften, wohingegen Verhaltenstheorien deren Verhalten gegenüber Mitarbeitern in den Mittelpunkt ihrer Überlegungen stellen (bspw. Theorie des Reifegrades; Managerial Grid; Führungsstile; Führungsverhalten). Die Situativen Ansätze wiederum knüpfen an der apersonalen Verhaltenssteuerung an. Sie verweisen darauf, dass die Effektivität von Führungseigenschaften und Führungsverhalten im hohen Maße situativ bedingt ist, also vom Kontext abhängig ist, in dem Führung stattfindet (Situationstheorien der Führung).

In der Weiterentwicklung der eigenschafts-, verhaltens- und situationstheoretischen Führungskonzeptionen abstrahieren die Interaktionstheorien von der Führungskraft und deren Eigenschaften, Verhaltensweisen und situativen Einbindung. Vielmehr fokussieren sie auf die Interaktionsbeziehungen der Führungsperson etwa mit direkten Mitarbeitern, Kollegen, Vorgesetzten, Kunden und Interessensgruppen. Die Interaktionstheorien erachten Führung daher nicht als individuelles, sondern als ein interaktives Geschehen. Führungserfolg hängt damit von der Qualität der Interaktion ab, den Eigenschaften und Ausprägungen der Interaktionsbeziehung (Interaktionstheorie der Führung). Die Gestaltung des Wandels und die dafür erforderlichen Führungs- und Managementaufgaben steht schließlich bei den evolutions-/transformationstheoretischen Führungskonzeptionen im Vordergrund.

G

Gemeinschaft

I. Soziologie

Formen des Zusammenlebens, die als besonders eng, vertraut, sich auf unterschiedliche Lebensbereiche (Rollen) beziehend, als ursprünglich und dem Menschen wesensgemäß angesehen werden, z. B. Familie, Nachbarschaft, kleine Gemeinde und Freundesgruppe. Im Prozess der Industrialisierung und Verstädterung werden die gemeinschaftlichen Sozialverhältnisse mehr und mehr in gesellschaftliche (anonyme und abstrakte) transformiert. Die Rückgewinnung gemeinschaftlicher Lebensverhältnisse und Arbeitsformen ist seither Ziel sozialer und politischer Bewegungen, u. a. gegenwärtig des Kommunitarismus.

II. Bürgerliches Recht

Im Sinn des BGB Bruchteilsgemeinschaft (§§ 741 ff. BGB). Anwendbar, wenn ein Recht mehreren gemeinsam zusteht, d. h. jeder einen be-

© Springer Fachmedien Wiesbaden GmbH, ein Teil von Springer Nature 2023
Springer Fachmedien Wiesbaden (Hrsg.), *50 Keywords Wirtschaftssoziologie*,
https://doi.org/10.1007/978-3-658-39308-3_7

stimmten Anteil an den gemeinschaftlichen Gegenständen hat (z. B. Miteigentum). Die Verwaltung steht allen gemeinschaftlich zu (§ 744 BGB). Sie können ihre Anteile – anders als bei der Gesellschaft – veräußern und belasten (§ 747 BGB). Jeder Teilhaber kann in der Regel jederzeit Aufhebung der Gemeinschaft verlangen (§§ 749, 752–754 BGB). Abweichende Vorschriften bei der Gemeinschaft zur gesamten Hand.

III. Internationale Wirtschaftsbeziehungen

Verkürzende Bezeichnung für Europäische Wirtschaftsgemeinschaft (EWG) bzw. Europäische Gemeinschaften (EG). Die EWG wurde zur EG, die EG ist in der EU aufgegangen.

Generation Corona

Als Generation Corona wird die Generation bezeichnet, deren Kindheit, Jugend oder junges Erwachsensein von der Corona-Pandemie geprägt wurde. Damit hat sie Überschneidungen mit der Generation Z und der Generation Alpha. Die Begrifflichkeit wurde – vor allem im deutschsprachigen Raum – von den Medien benutzt, zum Teil auch von der Wissenschaft, etwa von Soziologie, Psychologie und Arbeitswissenschaft.

1. *Entwicklung*: Die Betroffenen konnten zwischen 2020 und 2022 zeitweise den Unterricht nicht besuchen und waren auf digitale Werkzeuge wie Notebook und Tablet sowie Lernplattformen und Videokonferenzsysteme angewiesen. Dies zeigte einerseits die Grenzen des Bildungssystems auf bzw. vertiefte den digitalen Graben und eröffnete andererseits neue Perspektiven wie die systematische Nutzung von E-Learning, Blended Learning und Mobile Learning sowie hybriden Formen des Unterrichts.

2. *Kritik und Ausblick*: Einige Kinder, Jugendliche und junge Erwachsene zeigten sich durch den Wegfall von Direktkontakten und Freizeitmöglichkeiten verunsichert, andere entwickelten Ängste in Bezug auf eine Ansteckung und eine Übertragung der Krankheit. Wieder andere

entdeckten digitale Plattformen wie TikTok, um zusammenzukommen, ihr Talent zu zeigen und Zuspruch zu ernten. Informations- und Medizinethik widmen sich den kurz- und langfristigen Folgen der Pandemie für Generation Z und Alpha.

Gesellschaft

Als Gegenstand der Soziologie v. a. die territorial abgegrenzte Organisationsform zur Befriedigung und Sicherstellung der Lebensvollzüge einer größeren Menschengruppe.

Zur *Struktur der Gesellschaft* auf allen Entwicklungsstufen (z. B. Stammes-Gesellschaft, Stände-Gesellschaft, bürgerliche Gesellschaft) gehören gesellschaftliche Universalien wie z. B. gemeinsame Sprache, gemeinsame Normen, Sozialisation der nachfolgenden Generation, Regeln sexueller Reproduktion und der Verwandtschaftsverhältnisse, Regelungen für abweichendes Verhalten. Vorherrschende Strukturmerkmale gegenwärtiger spätbürgerlicher, industriell-bürokratischer Gesellschaften in Europa und Nordamerika sind u. a.: zunehmende Anonymisierung und Bürokratisierung, Verrechtlichung und Verwissenschaftlichung der Daseinsbereiche; Verstädterung; Rollen-Differenzierung des individuellen Verhaltens entsprechend der zunehmenden sozialen Differenzierung. In der Systemtheorie von Luhmann wird Gesellschaft als ein soziales System begriffen, das gegen eine Umwelt abgegrenzt ist. Die Gesellschaft besteht aus Subsystemen, die weitgehend autonom sind und sich selbst reproduzieren (Autopoeisis).

Gleichberechtigung

Soziales Postulat zur Gleichstellung und Gleichbehandlung von Angehörigen einer sozialen Gruppe, seit der Heraufkunft der bürgerlich-demokratischen Gesellschaften und im Zusammenhang ihrer Aufklärungs- und Emanzipationsbewegungen v. a. auf die Gleichberechtigung von Mann und Frau, aber auch die ethischer Minoritäten mit der Majorität bezogen.

Die formale (rechtliche) Absicherung der Gleichberechtigung im Grundgesetz (Art. 3 und Art. 33) ist eine notwendige, aber keine hinreichende Voraussetzung ihrer Verwirklichung; arbeits- und sozialrechtliche Maßnahmen und die Durchsetzung eines entsprechenden Ehe-, Familien- und Scheidungsrechts (in der Bundesrepublik Deutschland 1976/1977) sind weitere Voraussetzungen.

Die Forderung nach Gleichberechtigung wird in Anbetracht von Erziehung und neuer Bildung von Vorurteilen auch die künftige politische und soziale Entwicklung national und international mitbestimmen.

Gleichberechtigung von Mann und Frau

Gleichberechtigung der Geschlechter; in Art. 3 II 1 GG („Männer und Frauen sind gleichberechtigt.") kodifiziert. Diese Vorschrift verbietet, dass der Geschlechtsunterschied als beachtlicher Grund für eine Ungleichbehandlung im Recht herangezogen wird. Gemäß Art. 3 II 2 GG obliegt dem Staat die Förderung der tatsächlichen Durchsetzung der Gleichberechtigung von Frauen und Männern. Diesem Gebot diente das Zweite Gleichberechtigungsgesetz vom 24.06.1994 (BGBl. I 1406) und das – nur für die Bediensteten des Bundes geltende – Bundesgleichstellungsgesetz vom 30.11.2001 (BGBl. I 3234).

Gleichberechtigung im Arbeitsleben: s. dazu auch das Allgemeine Gleichberechtigungsgesetz (AGG) vom 14.08.2006 (BGBl. I S. 1897), das zwingend u. a. Benachteiligungen aus Gründen des Geschlechts im Arbeitsleben und im Bereich bestimmter bürgerlichrechtlicher Schuldverhältnisse gilt.

Gruppe

1. *Begriff:* Soziales Gebilde. Gegenüber früheren Abgrenzungen versteht man in der Soziologie unter Gruppe v. a. die Klein-Gruppe, d. h. ein Gebilde von drei bis etwa 25 Mitgliedern; die Zweier-Konstellation wird als Dyade bezeichnet.

2. *Charakteristische Merkmale:* Bestimmte Anzahl von Mitgliedern, die

a) über längere Zeit miteinander ein gemeinsames Ziel verfolgen und

b) in einem kontinuierlichen Kommunikations- und Interaktions-zusammenhang stehen („Wir-Gefühl") und

c) gruppenspezifische Rollen, Normen und Werte ausbilden.

3. *Zu unterscheiden* sind v. a.:

a) *Primär- und Sekundärgruppen:* Primärgruppen sind v. a. die von Ge-fühl und Vertrauen geprägten primären Lebensgemeinschaften der Men-schen, z. B. Familie, Freundschaftsgruppe, Nachbarn; Sekundärgruppen sind alle sozialen Gebilde, in denen mehr unpersönliche, anonyme und abstrakte Beziehungen vorherrschen (wie in Organisationen und formel-len Gruppen).

b) *Formelle/informelle Gruppe:* Formelle Gruppen ergeben sich zwangsläufig durch die Größe des Betriebs (Anzahl der Belegschaftsmitglieder) und seiner technischen Struktur; als organisatorische Formen: Hauptab-teilungen, Abteilungen, Gruppen; Betriebe. Informelle Gruppen sind nicht auf den Betriebszweck ausgerichtete Gebilde, deren Vorhandensein vielfach nicht in Erscheinung tritt, die aber u. U. eine recht bedeutungs-volle Rolle im Betrieb spielen (z. B. weltanschauliche Gruppen, Anhänger von Sportvereinen, Spielgruppen, Tischgruppen aus der Kantine u. Ä.). Gruppenmitglieder haben unterschiedlichen Einfluss auf die (latenten) Ziele der Gruppe:

(1) Die einzelnen Mitglieder unterstützen teils bewusst, teils unbewusst das Verhalten der Gruppe und heißen es gut; das Ziel, meist auch die Grenzen, werden von dem Einzelnen oft anders definiert als von der Gruppe.

(2) Die einzelnen Mitglieder entwickeln unbewusst und zwanglos gleiche Eigenschaften und Verhaltensregeln.

(3) Innerhalb der Gruppe gibt es einen Meinungsführer (Führung), der die Zielsetzung der Gruppe dominiert.

Gruppenkohäsion

Ausmaß des Zusammenhalts in Arbeitsgruppen. Die Gruppenkohäsion hängt wesentlich von der Attraktivität der Gruppe für den einzelnen ab. Gruppenkohäsion ist umso größer, je eher Vorteile im Hinblick auf die Erreichung persönlicher Ziele zu erwarten sind, z. B. im Hinblick auf Prestige, das mit der Zugehörigkeit zu dieser Gruppe verbunden ist und die Möglichkeiten, innerhalb der Gruppe eigene Bedürfnisse zu befriedigen.

Folge hoher Gruppenkohäsion ist im Allgemeinen eine relativ starke Verhaltensnormierung der Gruppenmitglieder; hohe Gruppenkohäsion führt dann zu hoher Gruppenleistung, wenn die Leistungsnorm (Gruppennorm) in der Gruppe hoch ausgeprägt ist.

H

Herrschaft

Nach Weber die Chance, einen gegebenen Befehl bei einem angebbaren Personenkreis durchzusetzen. Herrschaft beruht auf Legitimität, d. h. auf der Überzeugung der Beherrschten von der Richtigkeit und Berechtigung der Herrschaft.

Zu *unterscheiden:*

a) *Rationale Herrschaft,* Legitimität wird von legalen Ordnungssystemen abgeleitet;

b) *traditionale Herrschaft,* beruht auf dem Glauben an den Selbstwert und die Heiligkeit der traditional zur Herrschaft berufenen Personen;

c) *charismatische Herrschaft* erwächst einer Person mit charismatischen Fähigkeiten;

d) *bürokratische Herrschaft,* eine legale Herrschaft durch einen Verwaltungsstab.

© Springer Fachmedien Wiesbaden GmbH, ein Teil von Springer Nature 2023
Springer Fachmedien Wiesbaden (Hrsg.), *50 Keywords Wirtschaftssoziologie,*
https://doi.org/10.1007/978-3-658-39308-3_8

Humankapital

Human Capital.

1. *Allgemein:* Das auf Ausbildung und Erziehung beruhende Leistungspotenzial der Arbeitskräfte (Arbeitsvermögen). Der Begriff Humankapital erklärt sich aus den zur Ausbildung dieser Fähigkeiten hohen finanziellen Aufwendungen und der damit geschaffenen Ertragskraft.

2. *Wachstumstheorie:*

a) An Personen gebundenes Wissen bzw. als an Personen gebundene Fähigkeiten;

b) Wissenspool einer Volkswirtschaft in Form von dokumentiertem Wissen.

3. *Grundlegende Ansätze zur Entstehung:*

a) Es wird davon ausgegangen, dass Humankapital bewusst durch den Einsatz von Ressourcen (Lernen, Trainieren) produziert wird;

b) es werden (Learning-by-Doing-)Prozesse unterstellt. Humankapital entsteht in diesem Fall als Nebenprodukt im Produktionsprozess.

Die jeweiligen Varianten bei Definition und Entstehung haben weit reichende Konsequenzen für die wachstumstheoretische Bedeutung des Humankapitals

4. In der *Volkwirtschaftlichen Gesamtrechnung* wird Humankapital (anders als im Monetarismus Friedmanscher Prägung) nicht als Vermögen ausgewiesen.

Industriesoziologie

Spezielle Soziologie mit dem Gegenstand der Beziehungen zwischen Gesellschaft bzw. gesellschaftlichen Entwicklungen und Industrie bzw. industrieller Entwicklung.

Untersuchungsgegenstand: Im engeren Sinne Interdependenzen von Produktionsweise (Produktionsorganisation und -technologie), Wirtschaftsordnung und Gesellschaft bzw. gesellschaftliche Teilbereiche; im weiteren Sinne industrielle Gesellschaft und ihr Wandel.

Internalisierung

Übernahme von Normen und Werten in die Motiv- und Handlungsstruktur von Individuen, die so Teil der Persönlichkeit und werden. Nur auf der Basis internalisierter Normen und Werte kann selbstbestimmtes Handeln auf Dauer gestellt werden. Internalisierung erfolgt durch Sozialisation und Erziehung.

© Springer Fachmedien Wiesbaden GmbH, ein Teil von Springer Nature 2023
Springer Fachmedien Wiesbaden (Hrsg.), *50 Keywords Wirtschaftssoziologie*,
https://doi.org/10.1007/978-3-658-39308-3_9

K

Klasse

Gesamtheit derjenigen Individuen, die sich aufgrund gleicher bzw. ähnlicher ökonomischer Existenzbedingungen (Besitz oder Nichtbesitz von Produktionsmitteln) in vergleichbarer Lage (Soziallage) befinden.

Klassentheorie

1. *Charakterisierung:* Die ökonomischen Theorien der Physiokratie, der Klassiker und des Marxismus unterteilen die Gesellschaftsmitglieder nach unterschiedlichen Klassifikationsmerkmalen in einzelne *Klassen (soziale Gruppen)* und (v. a. der Marxismus) analysieren die ökonomischen Beziehungen zwischen diesen.

2. *Theorien:*

a) *Physiokratischer Ansatz:* Ausgehend von der Rolle der einzelnen Gesellschaftsmitglieder im Prozess der gesellschaftlichen Wertschöpfung und deren Verteilung wird zwischen Classe Productive, Classe Stérile und

Springer Fachmedien Wiesbaden (Hrsg.), *50 Keywords Wirtschaftssoziologie*,
https://doi.org/10.1007/978-3-658-39308-3_10

Classe Distributive unterschieden. Dieser Ansatz teilt die Schwächen der zugrunde liegenden physiokratischen Wertschöpfungstheorie.

b) *Klassische Theorie:* Die einzelnen Klassen werden nach der Art der Einkommenserzielung voneinander unterschieden; als Klassen ergeben sich Lohn-, Gewinn- und Bodenrentenempfänger.

c) *Marxistische Klassentheorie:* Die Klassen werden nach deren eigentumsrechtlichen Stellung in Bezug auf die Produktionsmittel unterteilt, und zwar in die der *Eigentümer* und *Nichteigentümer.* Im Kapitalismus sind dies die *Arbeiterklasse (Proletariat)* und die *Kapitalistenklasse (Bourgeoisie).* Entsprechend der Lehre über die Ausbeutung führte das Privateigentum an den Produktionsmitteln dazu, dass die Kapitalisten den Arbeitern die von ihnen geschaffene Wertschöpfung vorenthalten (Mehrwerttheorie). Hieraus folgten widersprüchliche Klasseninteressen, die sich im Klassenkampf zwischen Ausbeutern und Ausgebeuteten manifestierten. Dieser Kampf beziehe sich auf die Macht im Staat, der hier als Instrument der Unterdrückung der ausgebeuteten durch die ausbeutende Klasse aufgefasst wird. Die Klassenauseinandersetzung wird als der bewegende *Motor der geschichtlichen Entwicklung* angesehen (historischer Materialismus). Im Endzustand des Kommunismus könne es per definitionem keine unterschiedlichen Klassen und damit auch keine Ausbeutung mehr geben. Auch könne der Staat dann „absterben", d. h. an die Stelle der „Herrschaft über Menschen" trete dann die „Verwaltung von Sachen" (Produktions- und Konsumgüter). In einer Übergangsphase müsse die Arbeiterklasse nach der sozialistischen Revolution jedoch eine Diktatur des Proletariats errichten, um die widerstrebende Kapitalistenklasse umzuerziehen bzw. zu „zerschlagen" und die Produktionsverhältnisse (in nicht-marxistischer Terminologie: Wirtschaftsordnung) rechtlich-organisatorisch umzugestalten.

Die marxistische Klassentheorie teilt die Schwächen der zugrunde liegenden geschichtsphilosophischen und ökonomischen Lehren des Marxismus.

Kommunikation

I. Kommunikationswissenschaft

1. *Begriff:*

a) *Im weiteren Sinne:* Prozess der Übertragung von Nachrichten zwischen einem Sender und einem oder mehreren Empfängern.

b) *Im engeren Sinne:* Austausch von Botschaften oder Informationen zwischen Personen. Als Kommunikationskanäle werden die Sprache einerseits sowie die Körpersprache (nonverbale Kommunikation), u. a. Mimik, Gestik, Blickkontakt, räumliche Distanz verwendet. In der wissenschaftlichen Analyse werden die kommunizierenden Personen meist Kommunikator und Rezipient genannt, die zwischen beiden vermittelnde Nachricht auch Mitteilung oder (allgemein) Zeichen. Ein abstrakter Ansatz zur Analyse von Kommunikations- und Zeichenprozessen ist die Semiotik.

2. *Inhalt/Inhaltsaspekte:* Der Ausdruck „Mitteilung" verweist darauf, dass Kommunikator und Rezipient etwas miteinander teilen. Dieses Gemeinsame ist zunächst der „Inhalt" der Mitteilung. Es können drei Inhaltsaspekte analytisch unterschieden werden:

(1) Ihr Bezug auf Objekte oder Sachverhalte *(Darstellungsfunktion),*

(2) der Bezug auf Eigenschaften oder Absichten des Kommunikators *(Ausdrucksfunktion)* und

(3) der Bezug auf Reaktionen der Rezipienten *(Appellfunktion).*

Darüber hinaus hat jede Mitteilung auch einen *Beziehungsaspekt.* Sie definiert und reguliert die soziale Beziehung zwischen Kommunikator und Rezipient.

II. Organisation

1. *Begriff:* Prozess, bei dem Informationen mit dem Ziel, sich über Aufgaben zu verständigen, ausgetauscht werden. Fach- und Führungskräfte verbringen den größten Anteil ihrer Arbeitszeit mit Kommunikation. Die Effizienz der Kommunikation wird neben der individuellen Fähigkeit der Personen auch wesentlich durch die Kommunikationsstruktur beeinflusst.

2. *Typen:*

a) Nach dem *Inhalt der Aufgabe,* in deren Rahmen die Kommunikation durchgeführt wird: Einzelfallbezogene (individualisierte), sachfallbezogene und routinefallbezogene (programmierte) Kommunikation;

b) nach der *formalen Regelung des Kommunikationsweges:* Dienstweggebundene und ungebundene Kommunikation;

c) nach der *organisatorischen Eingliederung der Kommunikationspartner:* Innerorganisatorische und organisationsübergreifende Kommunikation;

d) nach dem *auslösendem Kriterium:* Formelle (d. h. durch den Organisationsplan bestimmte) und informelle (d. h. im Rahmen zwischenmenschlicher Kontakte stattfindende) Kommunikation;

e) *nach dem Empfänger der zu übermittelnden Information: Individualkommunikation und Massenkommunikation;*

f) nach der *Richtung des Informationsflusses:* Ein- und wechselseitige Kommunikation;

g) nach der *zeitlichen Abstimmung der Kommunikationspartner* und des damit verbundenen Erfordernisses einer Zwischenspeicherung der übermittelten Informationen: Synchrone und asynchrone Kommunikation;

h) nach den *organisatorischen Ebenen,* denen die Kommunikationspartner zugeordnet sind: Horizontale und vertikale Kommunikation.

Konflikt

1. *Begriff:* Prozess der Auseinandersetzung, der auf unterschiedlichen Interessen von Individuen und sozialen Gruppierungen beruht und in unterschiedlicher Weise institutionalisiert ist und ausgetragen wird.

2. *Arten:*

a) *Grundsätzlich:*

(1) Sind sich die Parteien des Konflikts bewusst, liegt ein *manifester Konflikt* vor.

(2) Wenn sich die Parteien des Konflikts (noch) nicht bewusst sind, die Situation aber so angelegt ist, dass ein Konflikt sehr wahrscheinlich ist oder die Parteien sich ihrer unvereinbaren Handlungstendenz zwar bewusst sind, sie deren Verwirklichung aber noch nicht gewagt haben, dann liegt ein *latenter Konflikt* vor.

b) *Sozialer Konflikt:* Interaktion zwischen Akteuren, wobei mindestens ein Akteur Unvereinbarkeiten im Denken, Fühlen und Verhalten mit dem zweiten Akteur in einer Art erlebt, dass im Realisieren eine Beeinträchtigung stattfindet.

(1) *Zielkonflikt:* Zwei oder mehr in einem Abhängigkeitsverhältnis agierende Personen verfolgen unterschiedliche Ziele.

(2) *Bewertungskonflikt:* Die Effektivität oder Wirkung unterschiedlicher Methoden zur Zielerreichung werden unterschiedlich bewertet.

(3) *Verteilungskonflikt:* Die Parteien können sich nicht über die Verteilung von Ressourcen (persönliche, monetäre, technische o. Ä.) einigen.

(4) *Persönlicher Konflikt:* Menschen verspüren intrapsychisch unterschiedliche Entscheidungs- oder Verhaltenstendenzen.

(5) *Beziehungskonflikt:* In der zwischenmenschlichen Beziehung kommt es zu Störungen.

(6) *Rollenkonflikt:* Menschen sind widersprüchlichen Rollen(-erwartungen) ausgesetzt.

c) *Konflikte in Organisationen:* Spannungssituationen, in denen voneinander abhängige Menschen versuchen, unvereinbare Ziele zu erreichen oder gegensätzliche Handlungspläne zu verwirklichen.

3. *Funktion von Konflikten:* Konflikte führen zu einem gesellschaftlichen Wandel: zur Anpassung sozialer Normen bzw. der Entwicklung neuer sozialer Normen und Regeln. Dadurch entstehen neue soziale Strukturen und Institutionen. Hinter dieser Position, die Konflikt als funktional für die Gesellschaft definiert, steht ein Konflikt-Modell einer Gesellschaft, das auf der Annahme eines Pluralismus unterschiedlicher und auch kontroverser Interessen, Einstellungen und Werte beruht und in dem die gewaltfreie Regelung von Konflikten die zentrale Integrationsleistung darstellt. Soziale Konflikte können jedoch nicht grundsätzlich als funktional im Sinn sozialer Integration begriffen werden (v. a. Kriege, Revolutionen, Bürgerkriege).

M

Managementtechniken

Praxisorientierte *Verhaltensempfehlungen* bzw. *Managementtools* für Führungskräfte zur Unternehmens- und Mitarbeiterführung. Eine Vielzahl dieser Managementtechniken wurde in den 1970er- und 1980er-Jahren entwickelt, um insbesondere jungen Führungskräften Handreichungen für den Führungsalltag anzubieten. Unter der Bezeichnung Management-by-Techniken werden diese sowohl in der Literatur als auch in der Praxis verwendet.

Marktsoziologie

Die *Marktsoziologie* oder auch *Soziologie der Märkte* ist ein Teilgebiet der Soziologie, in der Märkte den zentralen Erklärungsgegenstand bilden. Märkte sind zentrale Institutionen und Ordnungsformen moderner Gesellschaften, über die die Zuweisung und Verteilung von Gütern und Dienstleistungen gesteuert wird. Um Marktprozesse und -abläufe sowie die Wechselbeziehung von Märkten zu anderen gesellschaftlichen Teilbereichen angemessen erklären zu können, werden soziologische Theo-

© Springer Fachmedien Wiesbaden GmbH, ein Teil von Springer Nature 2023
Springer Fachmedien Wiesbaden (Hrsg.), *50 Keywords Wirtschaftssoziologie*,
https://doi.org/10.1007/978-3-658-39308-3_11

rien und Modelle sowie sozialwissenschaftliche, empirische Methoden eingesetzt, um theoretisch fundierte Annahmen und Hypothesen zu überprüfen. Im Zentrum marktsoziologischer Arbeiten steht die Erklärung und Analyse von:

(1) Herausbildungs-, Stabilisierungs- und Transformationsprozessen von Märkten,

(2) allgemeinen und/oder spezifischen Marktmechanismen (Institutionen, Normen, Netzwerke und Sozialkapital, Machtbeziehungen und Herrschaftsformen, Tauschbeziehungen),

(3) Funktionen von Märkten (Unsicherheitsreduktion, Preisbestimmung),

(4) Wechselbeziehungen zwischen Märkten und anderen gesellschaftlichen Teilbereichen (Moralvorstellungen, Religionen) sowie

(5) den nach historischen Gesichtspunkten variierenden kulturellen Bedeutungen von Märkten (kulturelle Bedeutung von Tauschprozessen).

1. *Entwicklung bzw. Geschichte des Begriffs*: Der schottische Moralphilosoph *Adam Smith* entwickelte in seinem Werk „Wohlstand der Nationen" (1978 [1789]) im 18. Jahrhundert eine erste Markttheorie, die den Markt als eine sich selbst regulierende soziale Ordnungsfunktion beschreibt, die Angebot und Nachfrage – ohne jede zentrale Vermittlungs- und Planungsinstanz – so zu steuern vermag, dass die hergestellte Menge an Gütern mit der tatsächlichen Nachfrage übereinstimmt. Obwohl Smith von eigeninteressierten Akteuren ausgeht, ist es bemerkenswert, dass es Märkten gelingen kann, die unterschiedlichen Interessen der Marktakteure so zu führen, dass die individuellen Bedürfnisse durch den Markttausch befriedigt werden und über die individuelle Zielverfolgung, als nicht intendierte Nebenfolge, die gesamtgesellschaftliche Wohlfahrt steigt; Smith nennt diesen sozialen Mechanismus „unsichtbare Hand". *Karl Marx,* ein weiterer Politökonom, schloss in „Das Kapital" (1968 [1867]) zwar an zentrale Ansichten Adam Smith an, wendet jedoch viele

von ihnen kritisch um. Nach Marx sind Märkte nicht in der Lage, die divergierenden Interessengegensätze kapitalistischer Gesellschaften, die sich aus den antagonistischen Klassengegensätzen ausbilden, friedlich zu überwinden. Ende des 19. bzw. Anfang des 20. Jahrhunderts entstanden die ersten Ansätze der Wirtschafts- und Marktsoziologie. Als zentraler Meilenstein der sich neu etablierenden Denkrichtung kann *Max Webers* Werk „Wirtschaft und Gesellschaft" (1985 [1922]) gedeutet werden. Darin gibt Weber der Marktsoziologie zentrale Forschungsperspektiven vor, die bis heute die Marktsoziologie als eigenständige soziologische Teildisziplin begründet, denn „[s]oziologisch betrachtet, stellt der Markt ein Mit- und Nebeneinander rationaler Vergesellschaftung dar", welche aus den Interessen- und Konkurrenzkämpfen der Marktteilnehmer hervorgeht. Zudem hat er der jungen Disziplin einen umfangreichen Begriffskatalog mit an die Hand gegeben, so auch seine prominente Definition von Märkten, die weiterhin den Kern einer Vielzahl moderner soziologischer Markttheorien bildet: „Von einem Markt soll gesprochen werden, sobald auch nur auf einer Seite eine Mehrheit von Tauschreflektanten um Tauschchancen konkurrieren". Nach dem Bedeutungsverlust der Wirtschafts- und somit auch der Marktsoziologie nach 1920 wurden nur noch vereinzelt marktsoziologisch relevante Arbeiten verfasst, u. a. „The Great Transformation" (1995 [1944]) von *Karl Polanyi*, dessen Werk in der Soziologie große Beachtung findet. Polanyis Arbeit kann aber nicht als eine dezidiert marktsoziologische Theorie gelesen werden, vielmehr ist sie eine kritisch-historische Rekonstruktion eines normativ-politisch motivierten gesellschaftlichen Wandels. Polanyi beschreibt den Verlagerungsprozess von staatlich ge-steuerten und traditionell ausgerichteten Wirtschaftsformen: Redistribution und Reziprozität, hin zu einer Ordnungsform, die die Steuerung der Produktion und Allokation von Gütern allein dem Markt überlässt und sich selbst reguliert – Polanyi nennt sie Marktwirtschaft. Er verweist zudem auf die destruktiven Kräfte, die sich in dieser Ordnungsform ausbilden und sich infolge auf weitere gesellschaftliche Bereiche zerstörerisch ausweiten können; er plädiert in diesem Zusammenhang für die Einbettung von Märkten und meint, dass Märkte staatlichen Regulierungsinstanzen unterstellt werden sollten. Zu Beginn der 1980er-Jahre widmeten sich wieder vermehrt Soziologen, allen voran die US-amerikanischen Soziologen Harrison White, Ronald Burt und Mark Granovetter, ökonomischen Fragestellungen, die auch wieder Märkte zum Gegenstand soziologischer Forschung machten.

2. *Unterscheidung von anderen ähnlichen Begriffen*: Marktsoziologische Theorien teilen sich mit der Volkswirtschaft den Markt als Erklärungsgegenstand. Solche Ansätze beziehen aber ausdrücklich und auch in Abgrenzung zu ökonomischen Theorien, wie etwa der Neoklassik, soziale Aspekte in ihre Theoriemodelle mit ein, um angemessenere und realistischere Aussagen treffen zu können. So werden u. a. soziale Beziehungen, Institutionen, Normen und Werte in die Untersuchungen integriert, um deren Einfluss auf Marktprozesse zu thematisieren. Ökonomische Modelle hingegen verzichten bewusst auf viele Erklärungsvariablen, die für die Marktsoziologie von Bedeutung sind, da sie das Zustandekommen von Preisen unter der Restriktion knapper Ressourcen und einer möglichst optimalen Allokation von Gütern und Dienstleistung und deren effiziente Produktion und Herstellung zum Thema machen.

3. *Marktsoziologische Erklärungsansätze*: Marktsoziologische Theorien lassen sich unterteilen in 1) Netzwerkansätze, 2) institutionelle Markttheorien und 3) kultursoziologische Ansätze.

4. *Netzwerkansätze*: In dieser Denkrichtung werden Märkte als soziale Beziehungsmuster charakterisiert, die sich als Netzwerke beschreiben lassen. So auch der Ansatz von *Mark Granovetter*, der als Erweiterung des neoklassischen Marktmodells gelesen werden kann, da er das Modell des rationalen Handelns beibehält. Er macht aber deutlich, dass Akteure ihre Entscheidungen nicht unabhängig voneinander treffen, sondern sich beim Handeln immer aufeinander beziehen und deshalb Teil einer sozialen Beziehung bzw. in soziale Netzwerke eingebettet sind. Nach Granovetter sind die Strukturen sozialen Handelns besonders handlungswirksam, weniger wirken hingegen allgemeine Moralvorstellungen oder institutionelle Settings. Für die Marktsoziologie sind die Arbeiten von Mark Granovetter von zentraler Bedeutung, da sie zeigen, dass Märkte nicht, wie die Theorie der Neoklassik unterstellt, Orte anonymen

Handelns sind; vielmehr weisen diese soziale Beziehungsmuster auf, welche Ressourcen für marktwirtschaftliches Handeln bereitstellen oder aber erst die Handlungsgrundlage, wie etwa Vertrauen, bilden, auf welcher Markthandeln erfolgen kann. Demgemäß ist Markthandeln immer in soziale Beziehungen eingebettet (das Einbettungskonzept Mark Granovetters unterscheidet sich aber von dem Karl Polanyis). Eine weitere Theorie, die netzwerktheoretisch argumentiert, ist die von *Harrison White*. Mit seinem Aufsatz „Where do markets come from?" (1981) beschreibt White Märkte als Netzwerke, in welchen Unternehmen sich wechselseitig am Verhalten ihrer Konkurrenten orientieren. Zentral ist die Annahme, dass Unternehmen bestrebt sind, Wettbewerbssituationen zu entschärfen, indem sich die Produzenten auf bestimmte Marktsegmente spezialisieren, da sich erst in diesen Gewinne erzielen lassen. White stellt mit seiner Arbeit den Preismechanismus als zentrale Koordinationsfunktion, der in den ökonomischen Theorien zentral für die Handlungsabstimmung zwischen Anbietern und Nachfragern ist, infrage; vielmehr ist es das Anliegen der Produzenten, die Rollenverteilung innerhalb eines Marktes zu reproduzieren. Ein weiterer wichtiger marktsoziologischer Netzwerkansatz ist der von *Ronald Burt*. Mit der Arbeit „Structural holes" (1992) zeigt Burt, dass bestimmte Positionen innerhalb eines Netzwerkes, sogenannte strukturelle Löcher, welche zwei oder mehrere Netzwerke in Beziehung setzen, den Inhaber dieser Position zu Vorteilen verhelfen, indem sie ihn bspw. mit Informationen versorgen, über die andere Akteure nicht verfügen und ihm dementsprechend zu Handlungsvorteilen verhelfen.

5. *Institutionelle Markttheorien*: Institutionelle Theorien beziehen im Besonderen Institutionen und Regeln in ihre Erklärungsansätze mit ein. Ein prominenter Vertreter dieser Denkrichtung ist *Neil Fligstein*. Fligsteins Ansatz zielt auf die Erklärung und Analyse von Ausbildungsprozessen und Funktionsmechanismen von Märkten ab. Märkte weisen soziale Strukturen auf, die Institutionen ordnen und stabilisieren und die sich – je nach Markt – unterscheiden lassen. Der gewichtige Gedanke ist, dass Märkte über stabile Marktordnungen verfügen müssen, sodass ein „strukturierter Austausch" erfolgen kann. Stabile Marktstrukturen gehen aus dem Beziehungsgefüge der Unternehmen hervor, indem die mächtigen, etablierten Unternehmen im Markt die

institutionellen Regeln, Kontrollkonzepte bzw. Deutungsmuster und Marktordnungen nach ihren Interessen entwerfen und diese gegenüber den weniger Mächtigen, den sog. Herausforderern durchsetzen und festschreiben, damit die geltende Macht- und Herrschaftsstruktur des Marktes reproduziert und auf Dauer sichergestellt wird. Auf die besondere Rolle des Staates als Ordnungsmacht weißt Fligstein insbesondere in den Phasen der Herausbildung und Transformation hin. Fligstein kann mit seiner Arbeit eindrucksvoll belegen, dass Märkte sozial konstruiert und auf staatliche Akteure angewiesen sind. Weitere institutionelle Ansätze, welche v. a. die kulturelle Bedeutung von Institutionen betonen und ihre Funktion als Träger von Erwartungs- und Wahrnehmungsmuster beleuchten, werden dem *soziologischen Neo-Institutionalismus* zugeordnet.

6. *Kultursoziologische Ansätze*: Kultursoziologische Ansätze betonen die kulturelle Bedeutung von Märkten. Es sind in erster Linie die Arbeiten von *Pierre Bourdieu*, die diese Denkrichtung prägen. Bourdieu fasst Märkte als Felder auf, die von Macht- und Konfliktlagen durchzogen sind und durch normative, kulturelle bzw. historische Faktoren geformt werden und das Handeln der Akteure innerhalb des Felds bestimmen. In seiner Arbeit zum Eigenheimmarkt (2002) untersucht er u. a. die Funktion des Staates bei der Konstitution des französischen Eigenheimmarktes wie auch die soziale Konstruktion der Präferenzen der Marktakteure. Eine weitere wichtige Autorin, die zu den kultursoziologischen Ansätzen gehört und sich Fragen widmet, die das Verhältnis von Markt und Moral (1978) beschreibt, ist *Viviane Zelizer*.

7. *Wichtige marktsoziologische Studien*: In diesem Abschnitt werden einige wichtige Arbeiten vorgestellt, die für die Marktsoziologie von Bedeutung sind, so auch die Arbeit „Market for Lemons" (1970) des Ökonomen und Nobelpreisträger *George A. Akerlof.* Sie ist für die Marktsoziologie dahingehend von Bedeutung, da sie zentrale Fragestellungen der Soziologie des Marktes abhandelt und Anschlussstellen für die Marktsoziologie bereithält. Akerlof zeigt am Beispiel des Gebrauchtwagenmarktes, dass in Marktsituationen, in welchen Anbieter und Nachfrager über unterschiedliche Informationen bezüglich der Qualität des gehandelten Produktes verfügen, Märkte als

Ordnungsmechanismus versagen können. Marktsoziologische Ansätze können, wie es bereits auch einige ökonomische Ansätze getan haben, hierselbst anknüpfen und auf die stabilisierende Wirkung von Institutionen verweisen, wie etwa Konventionen in Form von technischen Standards oder Qualitätssiegel.

Im Zentrum von *Marie-France Garica-Parpets* qualitativer Arbeit (2007) steht die Frage der Ausbildung eines neu entstehenden Spotmarktes. Ganz konkret rekonstruiert sie am Beispiel des Erdbeermarktes in der französischen Gemeinde Fontaine-en-Sologne, wie sich aus einem Netzwerk von Erzeugern und Zwischenhändlern ein Auktionsmarkt aufgrund wirtschaftspolitischer Interventionen ausbildet. Sie beschreibt die dafür notwendigen sozialen Rahmungsprozesse, innerhalb derer sich der nach neoklassischer Vorstellung geplante Markt formt und etabliert. Die Leistung von Garcia-Parpet ist, dass sie zeigen kann, wie die soziale Rahmung einer sozialen Situation das Handeln der Akteure bestimmt und über diesen Weg ein neuer Markt nach einem bestimmten theoretischen Vorbild geformt wird.

Jens Beckert und *Jörg Rössel* gehen in „Kunst und Preise" der Frage nach, wie sich auf dem zeitgenössischen Kunstmarkt die Preisbildung erklären lässt. Kunstwerke sind zumeist Einzelstücke, deren weitere Wertentwicklung nur schwer vorherzusagen ist. Märkte müssen aber, um eine dauerhafte Nachfrage entstehen zu lassen, stabile Strukturen aufweisen und Unsicherheit reduzieren. Die Unsicherheit speist sich aus der Tatsache, dass der Wert eines Kunstwerks sich weder über die Herstellungskosten noch durch ein knappes Angebot bestimmen lässt. Damit aber ein Markt stabile Strukturen hervorbringt, muss das Wertproblem gelöst sein. Die zentrale These der beiden Forscher lautet, dass das Wertproblem nicht im Markt und somit nicht über die Angebots- und Nachfragebeziehung gelöst wird, sondern im Feld der Kunst. Innerhalb des Kunstfeldes wirken, so Beckert und Rössel, Reputationsmechanismen, beruhend auf einem hohen Maß an übereinstimmenden Beurteilungen, bspw. von Kritikern, Kunsthändlern sowie von relevanten Institutionen, die den Wert der Kunstwerke bemessen. Das Argument ist, dass die Qualität den Preis festlegt, welche aber nicht dem Kunstwerk inbegriffen ist, sondern dem Kunstwerk über den „intersubjektiven Prozess der Bewertung und Reputationsverleihung durch Experten und Institutionen im Feld der Kunst" zugeschrieben wird.

8. *Ausblick*: Die Erforschung von Märkten als Orte sozialer Beziehungen und Strukturen liefert einen wichtigen Beitrag, um die komplexen Marktprozesse und die damit verbundenen Wirtschaftsabläufe angemessen zu erfassen und darüber hinaus zu erklären. Auf diesem Weg werden die Wechselbeziehungen zwischen Wirtschaft und Gesellschaft sichtbar. Somit leistet die Marktsoziologie einen wichtigen Beitrag zu allgemeinen soziologischen wie auch zu Fragen soziologischer Teildisziplinen und bietet darüber hinaus Schnittstellen, die es ökonomischen Theorien erlaubt, anzudocken und die Erkenntnisse der jeweiligen Nachbardisziplin ertragreich in die eigene Arbeit einfließen zu lassen.

Motivation

Zustand einer Person, der sie dazu veranlasst, eine bestimmte Handlungsalternative auszuwählen, um ein bestimmtes Ergebnis zu erreichen und der dafür sorgt, dass diese Person ihr Verhalten hinsichtlich Richtung und Intensität beibehält. Im Gegensatz zu den beim Menschen begrenzten biologischen Antrieben sind Motivation und einzelne Motive gelernt bzw. in Sozialisationsprozessen vermittelt. Der Begriff der Motivation wird oft auch im Sinn von Handlungsantrieben oder Bedürfnissen verwendet.

Motivationstheorien

Theorien, die sich mit der Frage, warum und unter welchen Bedingungen Menschen bestimmte Aktivitäten entfalten und Leistungen erbringen, beschäftigen. Moderne Motivationstheorien, wie z. B. die Wert-Erwartungs-Theorie, gehen davon aus, dass Menschen längerfristig wertbesetzte Ziele (z. B. Sicherheit, Anerkennung, Selbstverwirklichung) verfolgen. Bezogen auf die Arbeitsmotivation ist für deren Stärke

a) der Wert eines Handlungsergebnisses für die Erreichung langfristiger Ziele,

b) die Erwartung hinsichtlich der Lösbarkeit von Aufgaben und

c) die Wahrscheinlichkeit, dass die Handlung zum Erreichen der angestrebten Ziele beiträgt, bedeutend.

O

Organisation

Der Begriff der Organisation lässt sich nicht eindeutig definieren. Die Begriffslegung ist abhängig von der jeweils zugrundegelegten organisations-theoretischen Herangehensweise. Im Rahmen des vorliegenden Beitrags wird unter Organisation das formale Regelwerk eines arbeitsteiligen Systems verstanden. Informale Regelungen werden nicht betrachtet. Derartige organisatorische Regelungen lassen sich in zwei Klassen einordnen, die quasi als zwei Seiten einer „Organisationsmedaille" zu verstehen sind: Es sind dies die zu wählende(n) Spezialisierungsart(en) und die zu wählende(n) Koordinationsform(en).

Während die *Spezialisierung* fragt, wie eine Aufgabe am sinnvollsten arbeitsteilig erledigt werden kann, beschäftigt sich die *Koordination* mit der Frage, wie arbeitsteilige Prozesse effizient zu strukturieren sind. Immer dort, wo es zur Arbeitsteilung kommt ist Koordination notwendig. Umgekehrt: Wo keine Spezialisierung vorliegt, ist auch Koordination entbehrlich.

© Springer Fachmedien Wiesbaden GmbH, ein Teil von Springer Nature 2023
Springer Fachmedien Wiesbaden (Hrsg.), *50 Keywords Wirtschaftssoziologie*,
https://doi.org/10.1007/978-3-658-39308-3_12

1. *Organisatorische Regelungen zur Arbeitsteilung (Spezialisierung)*: Mit der Spezialisierung wird eine Erhöhung der Wirtschaftlichkeit betrieblicher Prozesse und Vorgänge angestrebt, dabei ist neben der Frage nach der zu wählenden Spezialisierungsart auch die Frage nach dem Ausmaß der Spezialisierung zu beantworten. Allerdings ist zu beachten, dass eine einmal gewählte Spezialisierung nicht auf Dauer effizient sein muss. Die Notwendigkeit des Wechsels der Spezialisierung wird in aller Regel durch folgende Ereignisse signalisiert: Warteschlangen, Qualitätsmängel, Nacharbeit, überforderte Vorgesetzte, Absentismus, Fluktuation, Unelastizität bei Spitzenbelastungen, Beschäftigungsunterschiede bei einzelnen Abteilungen, Kommissionswirrwarr, bürokratische Wasserköpfe etc. Notwendigkeit und Nutzen des Wechsels der Spezialisierungsform sind insbesondere am Beispiel des Wechsels von der Funktional- zur Geschäftsbereichsorganisation vielfach untersucht und bestätigt worden. Die folgenden grundlegenden Formen der Arbeitsteilung gilt es zu unterscheiden:

2. *Spezialisierung nach Verrichtungen oder Funktionen*: Die Aufgabe wird daraufhin analysiert, welche Tätigkeiten notwendig sind, um sie zu erfüllen. Es werden dann alle Tätigkeiten der gleichen Art zusammengefasst und zur Grundlage der Stellenbildung gemacht. Gliedert man ein gesamtes Unternehmen nach Verrichtungen, entsteht die so genannte Funktionalorganisation mit den Abteilungen Beschaffung und Logistik, Produktion, Absatz, Forschung und Entwicklung sowie Verwaltung. Es wandert oder wechselt das zu bearbeitende Objekt. Es werden stets die gleichen Verrichtungen an unterschiedlichen Objekten durchgeführt. Diese Spezialisierung erfordert den Verrichtungsspezialisten, der in der Lage ist, die gleichen Verrichtungen an unterschiedlichen Objekten (z. B. Materialien oder Produkten), gegebenenfalls auch mit unterschiedlichen Werkzeugen ausführen zu können. Ein Wechsel der Objekte ist kostengünstiger (einfacher, konfliktärmer, qualitativ besser) als der Wechsel der Verrichtungen.

3. *Spezialisierung nach Objekten*: Jede Arbeit lässt sich als eine Menge von Verrichtungen an einer Menge von Objekten begreifen. Objekte sind zunächst die Einsatzmaterialien, sodann die Zwischenprodukte und dann

die Endprodukte. Der Objektbegriff ist dabei sehr flexibel. Objekte im organisatorischen Sinn können auch einzelne Kunden oder Kundengruppen sein. Bei der Aufgabenanalyse werden alle Objekte der gleichen Art zusammengefasst und zur Grundlage der Stellenbildung gemacht. Auf der Ebene der gesamten Unternehmung ist die so genannte Geschäftsbereichsorganisation eine nach Objekten spezialisierte Organisationsform. Sie besteht aus mehreren Geschäftsbereichen, in denen jeweils unterschiedliche, nach Technologie und/oder Marktbeziehungen unterscheidbare Produktgruppen produziert und abgesetzt werden. In diesen Fällen bleibt das Objekt der Art nach das gleiche, es wechseln aber die Verrichtungen. Diese Spezialisierung erfordert den Objektspezialisten, der in der Lage ist, unterschiedliche Verrichtungen an jeweils dem gleichen Objekt durchzuführen. Ein Wechsel der Verrichtungen ist kostengünstiger (einfacher, konfliktärmer, qualitativ besser) als der Wechsel der Objekte.

4. *Spezialisierung nach Raum*: Bei dieser Spezialisierungsform werden die Aufgaben daraufhin analysiert, an welchen geografisch bestimmbaren Orten sie durchgeführt werden. Für die Stellenbildung werden alle die Aufgaben zusammengefasst, die innerhalb eines bestimmbaren geografischen Raumes ablaufen. Ein klassisches Beispiel für diese Form der Spezialisierung ist die Filialorganisation der Banken, Versicherungen und großen Handelsunternehmen. Auch die Auslandstätigkeit wird vielfach nach räumlichen Kriterien organisiert. Der Träger der räumlichen Spezialisierung ist der Ortskenner oder der Länderexperte. Auch hier gilt: Er bearbeitet unterschiedliche Objekte mit unterschiedlichen Verrichtungen, aber nur, wenn sie in seine räumliche Zuständigkeit fallen. Ein Wechsel dieser räumlichen Ordnung ist teurer als der Wechsel der Verrichtungen oder der Objekte.

5. *Mischformen*: In der Realität sind diese Kriterien vielfach vermischt angewendet. Das oberste Kriterium für die Erfolgsbeurteilung von Spezialisierungsformen ist nicht etwa die ausschließliche Orientierung an einem einzigen Kriterium, sondern vielmehr die Lückenlosigkeit und Überschneidungsfreiheit, denn diese wären die Ursachen für Untätigkeit oder für Doppelarbeit. Eine Mischung der Spezialisierungsarten kann

dabei auf einer Dimension erfolgen, es können jedoch auch mehrdimensionale Mischungen der Spezialisierungsarten vorliegen, wie z. B. bei der Matrix- oder Tensororganisation.

6. *Organisatorische Regelungen zur Arbeitsintegration (Koordination)*: Folgt man dem Effizienzpostulat der Spezialisierung, so steht am Ende eines solchen Prozesses die Aufteilung der Aktivitäten zur Erstellung der Unternehmensaufgabe auf eine größere Anzahl von Personen oder Institutionen. Damit sind die Aufgaben erfolgreicher Koordination vorgezeichnet:

* *Ausrichtung der Aktivitäten auf ein Ziel:* Koordination führt dazu, dass die Komponenten der Zielsetzung stets bewusst gemacht werden, in der täglichen Arbeit einheitlich angewandt werden und gegebenenfalls auf Verbesserungs- und Änderungsmöglichkeiten hin überprüft werden.

* *Vermeidung überflüssiger Arbeit:* Koordination trägt dazu bei, dass die Arbeitsabläufe so gestaltet werden, dass Doppelarbeit vermieden wird und sich eine optimale Reihenfolge realisieren lässt.

* *Verteilung knapper Ressourcen:* Koordination löst Verteilungskonflikte.

* *Herstellung eines einheitlichen Wissenstandes:* Koordination gleicht Wissens- und Wahrnehmungsunterschiede unter den Beteiligten und Betroffenen aus.

* Im Rahmen der organisatorischen Auswahlentscheidung stehen nun eine Vielzahl von Instrumenten zu Verfügung, mit deren Hilfe sich diese Koordinationsaufgaben lösen lassen.

7. *Hierarchie als zentrales Instrument der Koordination*: Die gleichsam natürliche Form der Koordination erfolgt durch Bildung einer Hierarchie: Es wird eine Konstellation von Vorgesetzten und Mitarbeitern geschaffen. Eine Hierarchie entsteht dadurch, dass derartige Beziehungen zwischen einer auftraggebenden und einer auftragnehmenden Instanz in der Breite (auf mehrere Untergebene) und in die Tiefe (auf mehrere Ebenen) aus-

gedehnt werden. Diese Koordinationsleistung der Hierarchie soll bewusst, überlegt und dauerhaft erfolgen. Man macht sie den Beteiligten zweckmäßigerweise durch Stellenbeschreibungen bewusst.

8. *Maßnahmen der Ergänzung hierarchischer Koordination*: Hierarchische Koordination hat Grenzen. So darf z. B. die sog. Leitungsspanne von Führungskräften nicht unkontrolliert wachsen. Diese Leitungsspanne kann zwar bei sehr einfachen Tätigkeiten der Mitarbeiter höher sein. Maßgeblich für die Begrenzung der Leitungsspanne ist die zeitliche, intellektuelle und psychische Kapazität des Vorgesetzten. Hält man bei der Koordination ausschließlich an dem hierarchischen Prinzip fest, so erfolgt die Anpassung an steigenden Aufgabenumfang dadurch, dass die Hierarchie zunächst in die Breite und dann in die Tiefe wächst. Dabei wird immer deutlicher bewusst, dass die Hierarchie in geeigneter Weise zu ergänzen ist. Die traditionellen Formen der Hierarchieergänzung sind die folgenden:

* *Stäbe:* Stäbe sind organisatorische Einheiten (Stellen) ohne Entscheidungskompetenz. Sie werden entweder als Spezialisten für bestimmte Fachfragen herangezogen, z. B. als Syndikus oder als juristische Abteilung. Oder sie sind einzelnen Führungskräften als Assistenten zugeordnet, um diese in ihrer Führungstätigkeit zu unterstützen, v. a. durch Beschaffung, Verarbeitung und Aufbereitung von Informationen.

* *Kommissionen:* Kommissionen sind institutionalisierte Personenmehrheiten (drei oder mehr) aus unterschiedlichen Instanzenzügen. Sie haben als „stehende Gremien" eine Daueraufgabe (z. B. monatliche Planabstimmung) oder als Projekt-Ausschüsse eine befristete, gesondert definierte Aufgabe (z. B. eine Umorganisation). Durch die Einbeziehung mehrerer Ressorts sollen unterschiedliche Sachgesichtspunkte berücksichtigt werden. Kommissionen verkürzen die Informationswege und sorgen für gleichzeitige und gleichartige Informationsversorgung der Anwesenden. Sie reduzieren somit Wahrnehmungs- und Wissenskonflikte, erlauben Rückfragen und gemeinsame Lernprozesse.

* *Programme (Ablaufregelungen):* Spezialisierung trennt, Koordination fügt wieder zusammen. Wenn Spezialisierung die Arbeit zeitlich trennt, in einzelne Phasen und noch weiter in einzelne Arbeitsgänge zerlegt, dann ist Koordination nötig, um diese einzelnen Teilschritte wieder zu einem Gesamtprozess zusammenzufügen. Die so genannte Ablauforganisation hat unter diesem Koordinationsaspekt die Reihenfolge der einzelnen Schritte festzulegen, Parallelarbeit zu ermöglichen und Wartezeiten zu verhindern oder zu vermindern, Termine für Beginn, Zwischenergebnisse und Ende des Prozesses oder einzelner Phasen zu setzen und damit Fristen oder Geschwindigkeiten zu bestimmen. Die koordinierende Leistung von Programmen liegt darin, dass sie gleichartigen und gleichbleibenden Leistungsvollzug ermöglichen, und das sehr wirtschaftlich. Programme mindern Schwächen und Defekte individuellen Problemlösungsverhaltens, geben unpersönliche Handlungsimpulse zur Interaktion, verhindern das Übersehen von Problemaspekten und sorgen für gleichmäßige Information.

* *Projektorganisation:* Organisation soll den dauerhaften Vollzug der Leistungserstellung und -verwertung möglichst kostengünstig, reibungsarm, qualitätssichernd und schnell ermöglichen. Wenn daneben aber Probleme auftreten, die einmalig oder gar erstmalig zu lösen sind, so genannte konstitutive und innovative Probleme, dann ist die Organisation überfordert. In dieser Situation hat sich Projektmanagement bewährt. Es handelt sich dabei um eine grundsätzlich befristete, auf die Erfüllung einer genau definierten Aufgabe zugeschnittene Zuständigkeit. Der zuständige Projektmanager ist gesondert zu ernennen und wird zur Lösung seiner Aufgabe mit Mitarbeitern ausgestattet, die entweder in Voll- (reines Projektmanagement) oder in Teilzeitarbeit (Matrix-Projektmanagement) an diesem Projekt mitarbeiten. Die Koordinationsleistung des Projektmanagements liegt v. a. darin, dass das konstitutive oder innovative Problem systematisch unter Nutzung des gesamten Potenzials der Unternehmung gelöst, die Entscheidung bereits mit der Implementierung verflochten und die Gefahr von Insellösungen vermieden werden kann.

9. Organisation als bewusster Verzicht auf organisatorische Regelungsmechanismen: Die Beobachtung ist sicherlich nicht neu, dass sich ein Teil der Unternehmen bei zunehmender Unternehmensgröße der wachsenden Bürokratisierung zu entziehen versucht, indem sie statt der Bürokratie eine Dezentralisation anstreben. Dezentralisation bedeutet dabei: Verlagerung von Entscheidungskompetenzen an untergeordnete Stellen, im Extremfall sogar eine Ausgliederung bestimmter organisatorischer Teilbereiche aus dem Unternehmen. Geleitet werden derartige Entscheidungen von dem auf dem Transaktionskostenansatz aufbauenden Lean-Management-Konzept. Dieses zwingt, ständig über die Grenzen der Unternehmung nachzudenken. Oder anders: Es gibt der Unternehmensleitung beständig auf zu fragen, ob bestimmte Funktionen nicht kostengünstiger durch Marktpartner erbracht werden können und deshalb aus der Unternehmung auszugliedern sind. Das Unternehmen soll sich von allen den Teilbereichen trennen, die wenig zur Wertschöpfung beitragen, von Externen mit der gleichen Zuverlässigkeit und Qualität erbracht werden können und die innerbetrieblich nur Koordinationskosten verursachen. Es ist dann nur konsequent, dass auch ganze Führungsebenen eingespart werden, die zuvor mit der Koordination beschäftigt waren.

An die Stelle der innerbetrieblichen Koordination tritt damit die Kooperation mit Marktpartnern. Diese unterscheidet sich möglicherweise von der traditionellen Einkaufsbeziehung, dass sie auf längere Frist vereinbart, durch Einführung gemeinsamer Qualitäts- und Abmessungsstandards stabilisiert und vielleicht sogar durch Lieferantenwerkstätten auf dem eigenen Werksgelände sichtbar fixiert wird. Die Ausgliederung betrieblicher Funktionen auf selbstständige Marktpartner ist die konsequenteste Form, die Hierarchie zu ersetzen. Eine so genannte hybride Form liegt darin, innerbetriebliche Märkte und Verrechnungspreise einzuführen.

Organisationssoziologie

Spezielle Soziologie mit dem Gegenstandsbereich von Organisationen als soziale Gebilde und die in ihr stattfindenden sozialen Prozesse sowie Organisation als Prozess einer koordinierenden und gestaltenden Tätigkeit in sozialen Kontexten. Organisationen sind ein universelles Merkmal

moderner, industrieller Gesellschaften, d. h. Menschen in derartigen Ge-
sellschaften sind Zeit ihres Lebens kurz- und längerfristig in Organisatio-
nen (Schulen, Universitäten, Krankenhäuser, Haftanstalten, Betriebe,
Unternehmen, Verbände, Vereine, Parteien etc.) eingebunden; es gibt
kaum einen Lebensbereich, der nicht mit Organisationen verbunden ist.
Insofern stellen Organisationen die Optionen und Restriktionen sozialen
Handelns dar. Die Organisationssoziologie untersucht diese unter den
Aspekten der formalen Struktur, der Organisationsziele, der Macht- und
Herrschaftsbeziehungen, des organisatorischen Wandels, des Konflikts,
der Funktionalität bzw. Dysfunktionalität u. a. Der Differenziertheit so-
zialer Organisationen entspricht eine Vielfalt von Thematisierungen
durch die Organisationssoziologie.

P

Prestige

Ansehen von Personen, Gruppen und Institutionen, das auf einer sozialen Bewertung beruht. Prestige leitet sich ab aus beruflichen Positionen, Ämtern, Titeln, Leistungen etc. und ist daher eng mit dem sozialen Status verbunden. Prestige wird über die Skalierung von Rangordnungen gemessen.

© Springer Fachmedien Wiesbaden GmbH, ein Teil von Springer Nature 2023
Springer Fachmedien Wiesbaden (Hrsg.), *50 Keywords Wirtschaftssoziologie*,
https://doi.org/10.1007/978-3-658-39308-3_13

R

Rolle

Begriff aus der Sozialpsychologie. Bündel von Verhaltenserwartungen, die an eine soziale Position gerichtet werden.

Rollenkonflikt

Form des Konflikts zwischen widerstrebenden Erwartungen an einen Positionsinhaber.

Arten:

(1) Intra-Rollen-Konflikt: Widersprüchliche Erwartungen, die sich an einen Po.sitionsinhaber richten, z. B. Eltern contra Schulleiter an einen Lehrer.

(2) Inter-Rollen-Konflikt: Widersprüchliche Erwartungen, denen sich eine Person, die unterschiedliche Positionen innehat (z. B. Lehrer, Mitglied einer politischen Partei), ausgesetzt sieht.

© Springer Fachmedien Wiesbaden GmbH, ein Teil von Springer Nature 2023
Springer Fachmedien Wiesbaden (Hrsg.), *50 Keywords Wirtschaftssoziologie*,
https://doi.org/10.1007/978-3-658-39308-3_14

S

Social Distancing

Mit Social Distancing oder Physical Distancing soll die Ausbreitung von Infektionskrankheiten verhindert oder verlangsamt werden. Man hält untereinander Abstand, berührt möglichst wenig Gegenstände und Lebewesen, die andere berührt haben könnten, und vermeidet den Besuch von Veranstaltungen, Geschäften und (halb-)öffentlichen Einrichtungen wie Schulen, Bibliotheken und Restaurants. So blockiert man die Übertragungswege von Tröpfchen- und Schmierinfektionen. Isolation und Quarantäne sind zu Hause möglich, aber auch in speziell eingerichteten bzw. ausgestatteten Räumen und Gebäuden mit medizinischer Versorgung.

1. *Hintergrund und Geschichte*: Schon im Mittelalter fand Social Distancing statt, etwa mit Blick auf Pest- und Leprakranke. Während der Influenza-Pandemien zwischen 1918 und 1920 (Spanische Grippe) und in den Jahren 1957 und 1958 (Asiatische Grippe) führten die Behörden u. a. Schulschließungen durch. In der jüngeren Geschichte war COVID-19 mit SARS-CoV-2 Anlass für zahlreiche Maßnahmen (Reisebeschränkungen, Schließungen von Grenzen und Einrichtungen), die enorme gesellschaftliche und wirtschaftliche Folgen hatten. In dieser Zeit etablierte sich der Begriff des Social Distancing auf der ganzen Welt,

© Springer Fachmedien Wiesbaden GmbH, ein Teil von Springer Nature 2023
Springer Fachmedien Wiesbaden (Hrsg.), *50 Keywords Wirtschaftssoziologie*,
https://doi.org/10.1007/978-3-658-39308-3_15

sofern er nicht schon bekannt war und verwendet wurde. Zudem sprach man immer mehr von Physical Distancing.

2. *Kritik und Ausblick*: Während mit Social Distancing einerseits Infektionskrankheiten eingedämmt und damit Menschenleben gerettet werden können, entstehen andererseits Probleme wie Einsamkeit, Wegfall von Geselligkeit und Beziehungspflege sowie Minderung der Produktivität

Informations- und Kommunikationstechnologien und Informationssysteme können hier Lösungen sein. So ist es mit ihnen möglich, private und berufliche Kommunikation und Arbeitsprozesse aufrechtzuerhalten. Soziale Roboter mögen zumindest vorübergehend einen Ersatz für Mitmenschen darstellen. Bereichsethiken wie Medizin-, Wirtschafts- und Informationsethik sowie Roboterethik nehmen sich der Herausforderungen an.

Soft Skills

1. *Begriff*: Soft Skills (weiche Fähigkeiten) ergänzen im Management sogenannte Hard Skills (harte Fähigkeiten) wie Fach- und Methodenkompetenz.

2. *Ziel*: Das Ziel des Einsatzes von Soft Skills ist, Motivation zu erhöhen oder Widerstandspositionen zu senken, um im Ergebnis die Kooperationsneigung in und um eine Organisation zu erhöhen.

3. *Hintergrund*: Soft Skills bezeichnen eine nicht abschließend definierte Vielzahl persönlicher Werte (z. B. Fairness, Respekt, Verlässlichkeit), persönlicher Eigenschaften (z. B. Gelassenheit, Geduld, Freundlichkeit), individueller Fähigkeiten (z. B. Kritikfähigkeit, Zuhören, Begeisterungsfähigkeit) und sozialer Kompetenzen (Umgang mit anderen Menschen: Teamfähigkeit, Empathie, Kommunikationsfähigkeit) von Führungskräften und Mitarbeitern, die die Kooperation und Motivation im

Unternehmen begünstigen. Damit gibt es eine große Überschneidung von Soft Skills und Sozialkompetenz, jedoch gehen Soft Skills mit den Eigenschaftsdimensionen und individuellen Fähigkeiten darüber hinaus. Zudem unterscheiden sich Soft Skills als personenbezogene Dimensionen von weichen Faktoren, die das Ergebnis gruppendynamischer Prozesse sind.

4. *Aspekte*: V. a. in der Personalführung, aber bspw. auch in Bezug auf die Innovationsfähigkeit und der Durchsetzung von Change Management werden Soft Skills eine große Bedeutung zugeschrieben.

In der Erforschung der grundsätzlichen Frage, was normativ „gutes Management" ausmacht, werden neben den Hard Skills auch die Soft Skills von Führungspersönlichkeiten hervorgehoben, was zu der Leadership-Debatte führt. Dies führt wiederum zur Abgrenzung von betriebswirtschaftlicher Managementkompetenz mit dem Fokus der Optimierung harter Faktoren und der darüber hinausragenden Kompetenz des Managements weicher Faktoren, die nicht nur rationale, sondern auch relationale Kompetenzen erfordern, also die adäquate Berücksichtigung von Ansprüchen für Managementhandeln relevanter Dritter. Soft Skills gelten als in Grenzen trainierbar, wenn sie sich in Bezug auf ihre wertebezogenen Aspekte in Teilen nur sehr langfristig beeinflussen lassen.

Sozialdarwinismus

Bezeichnung für eine soziologische Erklärung gesellschaftlicher und wirtschaftlicher Entwicklung, nach der sich im gesellschaftlichen und wirtschaftlichen Wettbewerb nur derjenige durchsetzen kann, der mit den sich ändernden Umweltbedingungen durch seine biologischen Anlagen oder Ausstattung am besten fertig wird, während die Nicht-Anpassungsfähigen eliminiert werden (Selektion). Indem die Überlebenden als biologisch Tauglichste (Survival of the Fittest) bezeichnet werden, erfolgt eine Rechtfertigung der bestehenden gesellschaftlichen und ökonomischen Verhältnisse.

Soziale Differenzierung

Ausdruck für den Tatbestand der Heterogenität, Vielfalt und Komplexität von Gesellschaften bzw. einzelnen sozialen Systemen (wie Institutionen und Organisationen), differenziert nach Rollen und Positionen, Autorität und Prestige, Macht und Herrschaft sowie nach Ständen, Klassen und Schichten (soziale Schicht).

Erklärung der Formen der sozialen Differenzierung: Nach Smith und Durkheim ist die steigende Arbeitsteilung die Ursache sozialer Differenzierung. Sozialgeschichtlich ist davon auszugehen, dass seit der Herausbildung der modernen bürgerlichen, industriellen und bürokratischen Gesellschaften die Prozesse der Differenzierung und Segmentierung einzelner sozialer Bereiche sich verstärkt haben und zur relativen Verselbstständigung z. B. des ökonomischen, religiösen, politischen und bürokratischen, des rechtlichen und staatlichen Bereichs geführt haben. Entsprechend diesen Differenzierungsprozessen nimmt die Komplexität und damit die soziale Differenzierung der Gesellschaften und ihrer sozialen Gebilde, z. B. der Universitäten, Betriebsteile und Berufe, zu.

Soziale Schicht

Gesellschaftsmitglieder, denen in etwa ein gleicher sozialer Status und damit ein gleiches soziales Prestige zugemessen wird; im Allgemeinen wird zwischen Unter-, Mittel- und Oberschicht unterschieden. In fortgeschrittenen Industriegesellschaften sind es vor allem die Merkmale Beruf (oder Berufsprestige), Bildung und Einkommen, mit deren Hilfe Individuen nach ihrem sozio-ökonomischen Status (SES) gemessen und dann zu Schichten gruppiert werden. Charakteristisch ist zudem, dass es (anders als in Stände- und Kastengesellschaften) zwischen den Schichten keine harten und unüberwindbaren Grenzen, sondern soziale Mobilität (Auf- und Abstiegsprozesse) innerhalb einer Generation oder zwischen Generationen, gibt. Die Schichtzugehörigkeit sagt nur bedingt etwas aus über Macht, Einfluss und Prestige der Individuen in ihren verschiedenen Tätigkeits- und Wirkungsbereichen (z. B. ein Arbeiter, der Vorsitzender des Betriebsrats und eines Partei-Ortsvereins ist).

Strittig ist, inwiefern das Selbstbild westlicher Gesellschaften, dass v. a. die individuelle Leistung über die Schichtzugehörigkeit entscheidet und es eine starke Mobilität zwischen den Schichten gibt, der Wirklichkeit entspricht bzw. neue (und alte) soziale Barrieren die Schichtmobilität einschränken. Um der zunehmenden gesellschaftlichen Differenzierung vertikaler und horizontaler Art (innerhalb der Schichten) gerecht zu werden, arbeitet die Soziologie seit den 1980er-Jahren mit den Konzepten der Lebensstile und Lebensstilgruppen.

Soziale Ungleichheit

1. *Begriff:* Tatbestand der ungleichen Bewertung der verschiedenen sozialen Positionen und deren Ausstattung mit Ressourcen (z. B. Eigentum, Einkommen, Vermögen, aber auch Schönheit und Herkunft) und den daraus sich ergebenden vertikalen Unterschieden an Macht, Einfluss, Prestige.
Bewertungsmaßstäbe der sozialen Ungleichheit: In den einzelnen Gesellschaftssystemen (Stammes-, Stände, Klassengesellschaft u. a.) und im historischen Wandel unterschiedlich; wird z. B. als naturgegeben und gottgewollt, als unakzeptabel und ungerecht oder auch als tolerabel angesehen, wenn bestimmte Grenzen der Ungleichentwicklung nicht überschritten werden.

2. *Ursachen:* Gesellschaftsspezifische Bewertungen von Alter, Geschlecht, ethnischer Zugehörigkeit, gesellschaftlicher Nützlichkeit einer Position.

Sozialisation

I. Soziologie

1. *Begriff:* Prozess der Eingliederung bzw. Anpassung des heranwachsenden Menschen in die ihn umgebende Gesellschaft und Kultur. Da der Mensch nicht über Instinkte verfügt, die sein Handeln steuern, muss er

im Prozess der Sozialisation soziale Normen, Verhaltensstandards und Rollen erlernen, um ein im jeweiligen sozialen Kontext handlungsfähiges und verhaltenssicheres soziales Wesen zu werden und seine soziokulturelle Persönlichkeit zu entwickeln.

2. *Träger der Sozialisation:* Sozialisationsinstanzen und Sozialisationsagenten (Familie, Schule, Kirche, Altersgruppen, Medien etc.).

3. Zu *unterscheiden:*

a) *Primäre Sozialisation:* Erfolgt in der frühkindlichen Entwicklungsphase, wird vorwiegend durch die Familie vermittelt durch eine Verknüpfung kognitiver und emotionaler Inhalte;

b) *Sekundäre Sozialisation:* Es werden neue soziale Rollen und Normen vermittelt und gelernt, doch bemüht sich die Sozialisation nur auf begrenze Verhaltensbereiche. Die Phase der primären und sekundären Sozialisation überschneiden sich.

II. Wirtschaftspädagogik/Arbeits- und Organisationspsychologie

Fortdauernder Prozess der Entstehung, Entwicklung und Ausbildung von Persönlichkeitsstrukturen in beruflichen Struktur- und Interaktionszusammenhängen. Dieser Aneignungsprozess findet v. a. in der Auseinandersetzung mit beruflichen Anforderungen in schulischen und betrieblichen Einrichtungen des Berufsbildungssystems sowie während der Erwerbstätigkeit in allen beruflichen Positionen statt. Unter dem Einfluss kognitions- und handlungstheoretischer Ansätze deutet sich eine Verlagerung des Interesses auf die Analyse der Bedingungen und Möglichkeiten der Entwicklung personaler Identität im Spannungsfeld gesellschaftlicher Anforderungen und individuellen Entfaltungsanspruchs an. In diesem Sinn wird Sozialisation als kategorialer Oberbegriff aufgefasst, der die Aspekte der *Personalisation* (Mündigwerden in der Gesellschaft) und *Qualifikation* (Handlungsfähigkeit zur Erfüllung beruflicher und gesellschaftlicher Anforderungen) umschließt.

Sozialwissenschaften

1. *Begriff:* Der Terminus Sozialwissenschaften ist eine Sammelbezeichnung für all jene wissenschaftlichen Disziplinen, die sich mit den Phänomenen des gesellschaftlichen Zusammenlebens der Menschen auseinandersetzen. Sozialwissenschaften werden auch als Gesellschaftswissenschaften bezeichnet.

2. *Charakterisierung:* Eine allgemeine Charakterisierung zu geben ist schwer, da die verschiedenen Disziplinen äußerst inhomogene Erkenntnisinteressen verfolgen, sich in Ihrer Fachterminologie und den verwendeten Methoden stark unterscheiden und die Gewichtung von Theorie und Empirie unterschiedlich handhaben. Ihnen gemeinsam ist, dass ihre Forschungsobjekte immer auch handelnde Subjekte in dieser Welt sind. Damit werden ihre Forschungsergebnisse immer auch rückbezüglich und die empirische Überprüfung Ihrer wissenschaftlichen Aussagen schwierig.

3. *Zugehörige Disziplinen:* Klassisch werden folgende Disziplinen zu den Sozialwissenschaften gezählt: Anthropologie (Sozial- und Kulturanthropologie) und Sozialphilosophie, Sozialethik, Sozialgeschichte, Sozialpsychologie, Soziologie, Pädagogik, Erziehungswissenschaft inkl. der Sozialpädagogik, empirische Sozialforschung, Bevölkerungswissenschaft, Ethnologie (Völkerkunde), Anthropogeographie, Kunstwissenschaft, Kulturwissenschaft, Religionswissenschaft, Religionspädagogik, Rechtswissenschaft (Jura), Politikwissenschaft (Politologie), Medienwissenschaft, Kommunikationswissenschaft, Sprachwissenschaft, Wirtschaftswissenschaften.

4. *Abgrenzungen:* Hinsichtlich der verwendeten Methoden und Vorgehensweisen gibt es Überschneidungen zwischen den Sozialwissenschaften, den Geisteswissenschaften und den Naturwissenschaften. Doch während die Sozialwissenschaften auf die Prozesse menschlichen Zusammenlebens fokussieren, beschäftigen sich die Geisteswissenschaften mit den kulturellen Produkten menschlichen Daseins, wie Sprache,

Philosophie, und Mathematik. Dahingegen kann der Blick der Naturwissenschaften als objektbezogen charakterisiert werden. Sie versuchen
die Zusammenhänge, den Aufbau und das Entstehen und Vergehen der
unbelebten und belebten Natur zu erklären.

Soziologie

1. *Begriff/Entwicklung:* Soziologie ist eine empirische Wissenschaft, die
sich auf die Struktur und Funktionsweise von Gesellschaften und das
Handeln von Individuen in sozialen Kontexten richtet. Begründet wurde
sie von Comte (1798–1857), der sie als „soziale Physik" bezeichnete.
Die Sozialforschung hat sich u. a. aus der Bevölkerungsstatistik („Moral-
statistik", Quetelet) im frühen 19. Jh. entwickelt. Weitere Impulse erhielt
sie durch die engl. Studien zur Lage einzelner Bevölkerungsgruppen,
z. B. der „Lage der arbeitenden Klassen", der drei-, später siebzehn-
bändigen Studie über „Life and Labour in London" von Booth
(1889–1902) sowie die franz. Studien über Arbeiterfamilien von Le Play
(1855) und dessen Schülern. In Deutschland hat vor allem nach dem
Ersten Weltkrieg der Verein für Socialpolitik durch seine Umfragen, u. a.
zur Berufswahl und zum Berufsschicksal, zur Ausbreitung der empirischen Sozialforschung und deren Methoden beigetragen.

2. *Wichtige Vertreter* des Faches waren: Marx (1818–1883), Simmel
(1858–1918), Durkheim (1858–1917), Mead (1863–1931), Weber
(1864–1920), Lazarsfeld (1901–1976), Parsons (1902–1979), Merton,
(1910–2003), Coleman (1926–1995), Luhmann (1927–1998), Bourdieu
(1930– 2002).

3. *Gegenstand:* Die Entwicklung und Etablierung der Soziologie als
eigenständigem Fach hängt eng mit der nach dem Zweiten Weltkrieg zunehmenden quantitativen Orientierung, der Zunahme mathematisch-
statistischer Verfahren und dem Kritischen Rationalismus als vor-
wiegendem wissenschaftlichem Paradigma zusammen.
Die Soziologie richtet sich u. a. auf die Erforschung sozialen Wandels
und der sozialen Ungleichheit, der sozialen Integration, von sozialen In-

stitutionen und Interaktionsprozessen, ferner in zahlreichen Teilgebieten u. a. der Familie, Jugend, Wirtschaft und Betrieb, abweichenden Verhalten, Stadt und Massenkommunikation. Zur Erklärung verwendet sie allgemeine Theorien wie die Systemtheorie (z. B. Luhmann), Handlungstheorien (z. B. Homans) und die Rational-Choice-Theorie.

4. Zunehmend wird die Trennung von Makro- und Mikrosoziologie verlassen und durch *Analysen in Form des analytischen Mikro-Makro-Modells* ersetzt, weil nicht spezifiziert. Das Vorgehen lässt sich am Beispiel der Annahme von Weber, der Kapitalismus sei aus der protestantischen Ethik entstanden, erläutern. Erklärt werden soll ein Sachverhalt auf der Makroebene X_j (die Entstehung des Kapitalismus) durch eine Hypothese auf der Makroebene $X_i \rightarrow X_j$ (X_i = protestantische Ethik). Diese Erklärung von X_j wird nun ersetzt durch eine von X_i über x_i und x_j zu X_j, weil die ursprüngliche Makrohypothese den Sachverhalt nur unzureichend erklärt. Deshalb erfolgt die Erklärung über die Mikroebene: Eine Erklärung, die protestantische Umgebung beeinflusst einzelne protestantische Familien in ihrer Ethik, dies ist der Kontexteffekt $X_i \rightarrow x_i$, sie erziehen ihre Kinder zu einer Leistungsethik und einem spezifischen ökonomischen Verhalten, dies ist die Mikrohypothese $x_i \rightarrow x_j$, aggregiert man deren Verhalten durch eine Aggregationsregel ($x_j \rightarrow X_j$), im einfachsten Fall durch Addition, so gelangt man zur Erklärung des Sachverhalts X_j (dem Entstehen des modernen Kapitalismus).

5. Die *wichtigsten Forschungsmethoden* der Soziologie sind die Face-to-Face, schriftliche und telefonische Befragung, zunehmend als CAPI (Computer Assisted Personal Interview) und CATI (Computer Assisted Telefone Interview), ferner die Inhaltsanalyse von Texten und die Sekundäranalyse bereits vorliegender Datensätze unter neuen Fragestellungen.

6. Der systematischen Erforschung sozialer Strukturen und des sozialen Wandels in Deutschland dienen zwei regelmäßige Umfragen:

a) ALLBUS: Eine seit 1980 durchgeführte repräsentative Bevölkerungsbefragung mit ca. 3000 Personen, seit 1991 zusätzlich in den fünf neuen Bundesländern. Neben einer Standarddemographie enthält er wechselnde Themen, z. B. Kriminalität, Einstellung gegenüber Ausländern, politische Einstellungen.

b) Sozioökonomische Panel (SOEP): Eine Panel-Befragung (Panel), die sich primär auf die Erwerbstätigkeit, Einkommen und Lebenszufriedenheit richtet; sie soll amtliche Statistiken ergänzen. Ihr liegt ein mikroökonomischer Ansatz zugrunde. Die Wiederholungs-Befragungen erfolgen seit 1984 jährlich; 1990 wurden sie auf die neuen Bundesländer ausgedehnt, im Jahre 2001 umfasste sie rund 12.000 Haushalte mit mehr als 22.000 Personen ab 16 Jahren: Deutsche, Ausländer und Zuwanderer. Es wird vom Deutschen Institut für Wirtschaftsforschung, Berlin, betreut. Das SOEP ist mit seiner Vielzahl von Analysemöglichkeiten (Individuum, Haushalt; Längsschnitt) das gegenwärtig komplexeste und aufwendigste Forschungsinstrument der empirischen Sozialforschung in Deutschland. Seine Daten werden von Soziologen, Ökonomen und politischen Wissenschaftlern genutzt.

Sozioökonomie

Sozioökonomie steht für ein *Forschungsprogramm*, das wirtschaftliches Handeln sowie die Kerninstitutionen und Strukturen der modernen Wirtschaft nicht allein unter „ökonomischen" Gesichtspunkten (Effizienz) und unter ausschließlicher Berücksichtigung ökonomischer Faktoren (Nutzen- und Gewinnorientierung der Akteure auf der einen Seite und die materiellen Ressourcen auf der anderen) erklären will. Das gemeinsame Anliegen von Sozioökonomen ist vielmehr, Wirtschaften bzw. wirtschaftliches Handeln in seiner gesellschaftlichen Bedingtheit zu verorten und daher das Wechselspiel von Wirtschaft und Gesellschaft in den Mittelpunkt zu rücken.

1. *Merkmale*: Charakteristisch für die Sozioökonomie ist der umfassende Anspruch, Wirtschaften und wirtschaftliches Handeln „realistischer" und damit umfassender beschreiben und erklären zu können, als dies die Standardökonomik bzw. neoklassische Ansätze tun. Dahinter steht ein

komplexes Verständnis der Aufgaben und der Methodologie einer modernen Sozialwissenschaft, von der die Wirtschaftswissenschaft ein Teil ist (vgl. Weber und Schumpeter).

Zunächst ordnet sich die Sozioökonomie in die Tradition der modernen Sozialtheorie ein, welche sich gegen eine idealistische Philosophie und eine reine Naturwissenschaft abgegrenzt und als Sozialwissenschaft etabliert hat, welche ausgehend von „realistischen" Beschreibungen des Menschen, d. h. solchen Annahmen, die dem Bild des wahren Menschen möglichst gut entsprechen und keine „Idealbilder" im normativen Sinne vorgeben, die reale Probleme bei der Gestaltung der sozialen, der wirtschaftlichen und/oder der politischen Ordnung erfassen und dafür Gestaltungsvorschläge entwickeln wollen. Neben dem damit vorgegebenen Postulat einer realistischen und für verschiedenen Handlungsfelder zu verwendenden Beschreibung des menschlichen Akteurs ist die zweite wichtige Annahme, dass das individuelle Handeln immer in sozialen Kontexten verortet ist und damit einerseits direkte soziale Beziehungen/Interaktionen und andererseits soziale, kulturelle, politische und ökonomische Institutionen relevant sind (vgl. Soziologie). In der neueren Sozioökonomie werden daraus v. a. drei kennzeichnende Prinzipien abgeleitet.

a) So wird für die Sozioökonomie zumeist daran festgehalten, dass Wirtschaft ausgehend vom Handeln der Menschen zu erklären sei. Gleichwohl werden aber sowohl das Handlungsmodell des „Homo Oeconomicus" als auch das des „Homo sociologicus" als zu realitätsfern abgelehnt. An deren Stelle sollen komplexere Handlungsmodelle entwickelt und für die Erklärung wirtschaftlicher Sachverhalte eingesetzt werden. Diese sollen insbesondere erfassen können, dass die Akteure weder über vollkommene Informationen bzw. -verarbeitungskapazitäten verfügen noch nur ökonomische Zwecke verfolgen, vielmehr soll berücksichtigt werden, dass sie auch nicht-ökonomische Ziele haben und auch wert- oder allgemeinwohlorientiert handeln.

b) Für die Sozioökonomie ist zweitens die Analyse von „Wirtschaft und Gesellschaft" charakteristisch. Damit wird all den Ansätzen eine Absage erteilt, die Wirtschaft unter Ausblendung von Gesellschaft und Gesellschaft ohne Wirtschaft analysieren und erklären wollen. Dahinter steht die empirische Beobachtung, dass mit der modernen bürgerlichen Gesellschaft nicht mehr länger Moral, Religion, Ästhetik oder Literatur die zentralen Begründungs- und Ordnungsmuster vorgeben, sondern die Wirtschaft. Dann wird Wirtschaften aus seiner moralisch-ethischen Rahmung freigesetzt (Polanyi 1978) und Gegenstand gesellschaftlich-politischer Gestaltung.

c) Nicht zuletzt ist die Sozioökonomie auch durch die Integration bzw. mitunter auch durch die gleichzeitige Verwendung verschiedener Methoden, Begriffe, Modelle und Arbeitsweisen charakterisiert. Sozioökonomie wird daher von vielen auch als interdisziplinäres Programm definiert. Aus heutiger Sicht können zwei grundlegende Positionen unterschieden werden, die eine je spezifische Form „sozio-ökonomischer Arbeit" ausmachen. So wird eine interdisziplinäre Arbeitsteilung unter dem gemeinsamen Dach handlungsbasierter Erklärungen mit dem Anspruch, Wirtschaft und Gesellschaft in ihrem Zusammenspiel zu erfassen, praktiziert. Dem stehen Ansätze gegenüber, welche wirtschaftliche Fragen auf Basis soziologisch und/oder sozialphilosophischer Konzepte und unter gesellschaftlich-moralischen Perspektiven betrachten wollen. Dies wird als der „Standardökonomik" und der klassischen Soziologie überlegen und daher als „paradigm shift" gesehen.

2. *Unterscheidung von ähnlichen Begriffen*: In der Antike war die Haus- und Staatswirtschaft Thema der Staats- und Sozialphilosophie unter ethisch-politischen Aspekten. Zu Beginn der europäischen Moderne entsteht die *politische Ökonomie*, welche die Wohlfahrtsproduktion einzelner Nationen in den Vordergrund rückt und nach den Regulierungen einer aus normativen Bezügen freigesetzten Industrie bzw. dem Handel fragt. Adam Smith wurde dafür zum Meilenstein. Karl Marx (1982) hat kritisch auf Smith Bezug nehmend in der menschlichen Arbeit die wertschaffende Größe und in der Produktionsweise das dynamische Moment der Gesellschaftsentwicklung ausgemacht. Die Entwicklung der menschlichen Gesellschaft wird von Marx auf die Entwicklung der Produktivkräfte und die davon angetriebene Produktionsweise zurückgeführt.

Von Vertretern der neuen Wirtschaftssoziologie, allen voran von Mark Granovetter, Harrison White, James Coleman und Richard Swedberg, wird auch eine handlungsbasierte Erklärungsweise verfochten. Und auch ihr Anliegen ist es, komplexere, soziologisch informierte Handlungsbeschreibungen und -theorien einzusetzen (vgl. Wirtschaftssoziologie). Damit wird aber explizit angestrebt, die Wirkungen sozialer Faktoren wie sozialen Beziehungen und Netzwerke (Granovetter, White), von sozialen Handlungsrechten (Coleman) oder auch die soziale Konstitution von Interessen (Swedberg) bei der Analyse zentraler Wirtschaftsinstitutionen berücksichtigen zu können (vgl. zum Verhältnis von Sozioökonomie und Wirtschaftssoziologie ausführlich Maurer 2011). Die Sozialökonomie verbindet mit der *neuen Wirtschaftssoziologie* die Kritik an der Neoklassik, insbesondere an der Verwendung des Modells des „Homo oeconomicus" und der universellen Verwendung des Wettbewerbs.

3. *Entwicklung bzw. Geschichte des Begriffes*: Das Forschungsprogramm hat seinen Namen durch den älteren deutschen Begriff der „Sozialökonomie" und wird heute auch als „Sozialökonomik" oder „Sozialökonomie" bezeichnet. Die neueren Ansätze aus dem angelsächsischen Sprachraum, die seit den 1980er-Jahren dem Paradigma zu verstärktem Ansehen verholfen haben, zeichnen als „socio-economics" oder „socio-economic paradigm". Die Renaissance dieser Forschungstradition zeigt sich auch in aktuellen deutschsprachigen Publikationen.
Startpunkte des sozioökonomischen Denkens sind v. a. Max Weber, Werner Sombart und Josef Schumpeter. Sie haben sich als Nationalökonomen, Wirtschaftshistoriker und Soziologen verstanden und zu Beginn des 20. Jahrhunderts die Grundlagen der modernen Sozialwissenschaften gelegt. Im Zentrum ihrer Forschung stand das Zusammenspiel von Wirtschaft und Gesellschaft, insbesondere die Entstehung des modernen Kapitalismus als Teil eines umfassenden sozialen Wandels. Sie verbindet auch der Anspruch einer *integrativen Perspektive* auf Wirtschaft, d. h., die Verbindung von Wirtschaftstheorie, Wirtschaftsgeschichte und Wirtschaftssoziologie.
Max Weber (1864–1920) kommt eine herausgehobene Stellung zu. Weber hat das Kompendium „Grundriß der Sozialökonomik" in mehre-

ren Bänden konzipiert und dazu einen eigenen Beitrag „Wirtschaft und Gesellschaft" verfasst. Mit der verstehenden Soziologie, der Idealtypenbildung und der Werturteilsfreiheit hat er ein methodologisches Fundament zur integrativen Analyse von Wirtschaft vorgelegt. Max Weber hat weiterhin in den Studien zur Protestantischen Ethik gezeigt, wie religiös-kulturelle Ideen vermittelt über das Handeln der Menschen die für den modernen Kapitalismus wichtigen Wirtschaftsinstitutionen: den privat-kapitalistischen Wirtschaftsbetrieb, den Massengütermarkt und die Kapitalrechnung in Geld, mit hervorgebracht haben. Nicht zuletzt hat Weber eine auch heute noch anschlussfähige Definition des Gegenstands der Sozioökonomie festgelegt: „„Wirtschaftlich *orientiert'* soll ein Handeln insoweit heißen, als es seinem gemeinten Sinne nach an der Fürsorge für einen Begehr nach Nutzleistungen orientiert ist."

Trotz des Bemühens der Klassiker eine integrative Sozialökonomik auf den Weg zu bringen, gingen Soziologie, Ökonomie, Politik- und Geschichtswissenschaft im 20. Jahrhundert zunehmend getrennte Wege und verlor die Soziologie das Wirtschaften im 20. Jahrhundert mehr und mehr aus dem Blick. Die Ökonomik meinte, sich auf das rational-logische und die Soziologie auf das nicht-rationale Handeln und auf weniger rationale Ordnungsmechanismen wie Normen und Herrschaft beschränken zu können. So entstanden von 1945 bis in die 1980er nur wenige Arbeiten, die dem Anspruch der Sozioökonomie zuzurechnen wären; zu diesen Ausnahmen zählen aber die wichtigen Arbeiten von Albert Hirschman, Kenneth Galbraith, Gunnar Myrdal, Neils Smelser u. a. Erst in den 1980er-Jahren belebte sich – im Kontext anderer Entwicklungen (neue Wirtschaftssoziologie, Neuer Institutionalismus in der Soziologie, Neue Institutionenökonomik) – wieder eine Sozioökonomie. Die Institutionalisierung des sozio-ökonomischen Ansatzes wurde wesentlich durch die Gründung der „Society for the Advancement of Socio-Economics" (SASE) Ende der 1980er in den USA (Harvard University) vorangetrieben.

4. *Ziele:* Die Vertreter und Vertreterinnen des „sozio-ökonomischen Programms" verbindet die einhellige Kritik an der Neoklassik. Die dort verwendeten Modelle des „Homo oeconomicus" und des „Wettbewerbs-

marktmodells" sowie die damit verbundene Ausrichtung auf Gleichgewichtsanalysen werden als unrealistisch kritisiert. An deren Stelle sollen einerseits „realistischere Handlungsmodelle und -beschreibungen" wie etwa die des homo socio-oeconomicus oder des homo culturalis treten, auf der anderen Seite wird im Anschluss an die Klassiker dafür plädiert, die Annahme einer „reinen Sphäre der Wirtschaft" aufzugeben. Von denjenigen Vertretern, die sich einer sozialwissenschaftlichen Modell- und Theoriebildung zugehörig fühlen, werden stattdessen realistische Marktmodelle gefordert. So hat etwa Albert Hirschman Situationsbeschreibungen eingebracht und entwickelt, die gemeinsames Handeln anstatt Wettbewerb thematisieren oder eben auch Organisationen und er hat rekonstruiert, wie sich das interessengeleitete Handeln durchgesetzt hat. Politisch relevant wurden Hirschmans Analysen im Kontext von Entwicklungspolitik oder von Systemzusammenbrüchen wie nach 1989. Eine andere Kritik wendet sich gegen die Gleichgewichtsanalyse der Neoklassik und will an deren Stelle Umverteilungsfragen und ethische Bewertungskriterien in die Ökonomie zurückholen.
Zusammenfassend ist festzuhalten, dass das grundsätzliche Ziel sozioökonomischer Ansätze die Erklärung wirtschaftlicher Sachverhalte unter Einbeziehung sozialer Faktoren ist. Dafür ist die Annahme zentral, dass Wirtschaft und Gesellschaft nur im Zusammenhang, der sich in konkreten historischen Momenten darstellt, umfassend erfasst werden können. Weitgehend geteilt wird zudem der Anspruch, wirtschaftliche Sachverhalte über das individuelle Handeln in sozialen Kontexten zu erklären und dafür möglichst „realistische" Beschreibungen zu verwenden.

5. *Wichtige Arbeiten und Streitpunkte*: Gegenwärtige Herausforderungen, Konflikte und Entwicklungslinien konzentrieren sich um drei Aspekte:

a) Wo sind Brücken und wo Grenzen zum Neuen Institutionalismus und insbesondere zur neuen Wirtschaftssoziologie zu bauen? Smelser hat die „new economic sociology" in den 1980er-Jahren auch erfolgreich etabliert, indem er sie als die wissenschaftliche Disziplin definiert hat, die mithilfe soziologischer Konzepte und unter soziologischen Perspektiven „Kerninstitutionen der Wirtschaft" analysiert.

b) Welche theoretischen Begriffe und Konzepte sind für die Erfassung des Wechselverhältnisses von Wirtschaft und Gesellschaft verwendbar? Hilft der Begriff der Institution weiter, wie er klassisch in der Soziologie – und zunehmend in der Ökonomie – verwendet wird? Wie sind die Konzepte des alten, dem amerikanischen Pragmatismus zugehörigen Begriffe und Konzepte einzuordnen? Inwiefern helfen marxistische und neo-marxistische Konzepte, die eher auf der Makroebene angesiedelt sind? In welchem Maße kann die Soziökonomie an sozial-philosophische Ideen anschließen?

c) Wie sind die von den Klassikern – v. a. von Max Weber – gelegten methodologischen Grundlagen weiterzuentwickeln? Welche Methodologie ist für die Soziökonomie passend? Das heißt, ist die Soziökonomie mit einem strengen „Methodologischen Individualismus" vereinbar oder wäre eher ein „Methodologischer Individualismus" wie er etwa bei Weber zu finden ist, passend? Mithilfe welches theoretischen Werkzeugs können Individuum und Gesellschaft, bzw. Annahmen auf der Handlungs- und der Strukturebene miteinander verbunden werden?

d) Nicht zuletzt die Erfolge der Neurowissenschaften und der Verhaltensökonomik regen die Diskussion darüber an, ob und inwiefern dem Menschen Handlungsautonomie zuzusprechen ist und ob und in welchem Umfang Emotionen und Irrationalitäten bei der Erklärung wirtschaftlicher Phänomene einzubeziehen sind.

T

Technologie

Übergreifende, Wirtschaft, Gesellschaft und Technik verklammernde Wissenschaft von der Technik.

Systematische Zusammenfassung und Integration einzelner Techniken zu einer auf spezifische Ziele und Zwecke gerichteten Verfahrensweise, einschließlich sozialer Technologien, z. B. einem Verfahren der Konfliktregelung. Moderne Technologien bestimmen und gestalten die sozialen Beziehungen und den sozialen Wandel in hohem Maße; sie können daher nicht isoliert von der Gesellschaft betrachtet werden und müssen auf ihre Sozialverträglichkeit hin bewertet werden.

© Springer Fachmedien Wiesbaden GmbH, ein Teil von Springer Nature 2023
Springer Fachmedien Wiesbaden (Hrsg.), *50 Keywords Wirtschaftssoziologie*,
https://doi.org/10.1007/978-3-658-39308-3_16

U

Unternehmensethik

Zweig der angewandten Ethik, der sich v. a. mit Fragen der Verantwortung von Unternehmen und seiner Mitarbeiter befasst (Corporate Social Responsibility).

Die Unternehmensethik ist der Teil der Wirtschaftsethik, der sich mit Unternehmen sowie deren Führung beschäftigt. Zu finden sind sowohl normativ geprägte Überlegungen, welche u. a. mit Bezug auf existierende ethische Konzepte sowohl Existenz als auch Aufgaben und Verantwortlichkeiten von Unternehmen diskutieren, als auch instrumentelle Ansätze, welche ökonomische Überlegungen in den Mittelpunkt stellen. Die anglo-amerikanische Diskussion firmiert unter dem Begriff „Business Ethics" und wird von pragmatisch-instrumentellen Zugängen dominiert, infolgedessen auch eine starke Nähe zu Corporate Social Responsibility besteht. Neuere Entwicklungen betrachten unternehmensethische Fragestellungen auch aus einer verhaltenswissenschaftlichen Perspektive, auch als Behavioral Business Ethics bezeichnet, und adressieren hier u. a. Einstellungen und Verhaltensweisen von Stakeholdern in normativ besetzten Kontexten. Die Unternehmensethik kann von wirtschaftsethi-

© Springer Fachmedien Wiesbaden GmbH, ein Teil von Springer Nature 2023
Springer Fachmedien Wiesbaden (Hrsg.), *50 Keywords Wirtschaftssoziologie*,
https://doi.org/10.1007/978-3-658-39308-3_17

schen Überlegungen allerdings nicht vollständig abgekoppelt werden, da es ansonsten nicht möglich ist, Rahmenbedingungen wie Wettbewerb und Marktwirtschaft sowie hieraus folgende Handlungslogiken adäquat zu berücksichtigen.

W

Wirtschaftssoziologie

1. *Entwicklung*: Die Untersuchung der Entwicklungsdynamik der kapitalistischen Gesellschaft stand im Zentrum der Soziologie während ihrer
Gründungsphase als akademisches Fach (1890–1920). Karl Marx, Émile
Durkheim, Georg Simmel und Max Weber entwickelten Gesellschafts-
theorien, in denen das Zusammenspiel von Wirtschaft, Kultur und
Sozialstruktur im Mittelpunkt stand. In Teilen sind diese Theorien eng
verbunden mit der institutionalistischen Theorie der Historischen Schule.
Mit der Durchsetzung der Formalisierung der neoklassischen Wirtschaftstheorie in den 1920er- und 1930er-Jahren etablierte sich dann
eine Arbeitsteilung zwischen Soziologie und Wirtschaftstheorie, in der
die Soziologie sich vornehmlich mit eng umgrenzten Randbereichen der
Wirtschaft beschäftigte. Der amerikanische Soziologe Talcott Parsons
(1903–1979) stellte sich die Arbeitsteilung zwischen den beiden Fächern
so vor, dass die Ökonomie sich mit dem universellen Prinzip der
Zweck-Mittel-Relation im individuellen Handeln beschäftigt, während
die Soziologie die Ursprünge dieser Zwecke in den sozialen Werten suche.
Diese Vorstellung passte sehr gut zu den westlichen kapitalistischen Gesellschaften der Nachkriegszeit, in denen die Ökonomie als politisch
steuerbarer Apparat zur Erfüllung politisch gesetzter gesamtgesellschaft-

© Springer Fachmedien Wiesbaden GmbH, ein Teil von Springer Nature 2023
Springer Fachmedien Wiesbaden (Hrsg.), *50 Keywords Wirtschaftssoziologie*,
https://doi.org/10.1007/978-3-658-39308-3_18

licher Ziele erschien. Die Wirtschaftssoziologen in der Nachkriegszeit konzentrierten sich vornehmlich auf die Analyse der tayloristischen Arbeitsorganisation in den Unternehmen, der Ausgestaltung industrieller Beziehungen, sowie der institutionellen Regulierung von Branchen und Sektoren.

Mit der Krise der keynesianischen Makrosteuerung und der beginnenden Deregulierung von Märkten am Ende der 1970er-Jahre traten jedoch die Fragen nach der Funktionsweise von Märkten, den Dynamiken des Wettbewerbs und den Entscheidungsprozessen von Unternehmen wieder ins Zentrum der Soziologie. Dies traf zusammen mit einer Krise des neoklassischen Paradigmas innerhalb der Wirtschaftstheorie: Die makroökonomischen Standardmodelle boten kaum Erklärungen für die zu beobachtende Stagflation und die immer forcierteren Krisendynamiken. Aus mikroökonomischer Perspektive stellten sich Herausforderungen wie das Prinzipal-Agenten-Problem, Moral Hazard und Informationsasymmetrien. Paradoxerweise ging diese Krise der Wirtschaftstheorie der Nachkriegszeit mit der Ausweitung ökonomischen Denkens in der Soziologie einher: Das wirtschaftswissenschaftlich inspirierte Rational-Choice-Modell drang in verschiedenste Bereiche der Soziologie vor. Dieser „ökonomische Imperialismus" veranlasste Soziologen zu einer Gegenreaktion: In der Auseinandersetzung mit wirtschaftlichen Phänomenen wollten sie zeigen, dass das ökonomische Handlungsmodell schon bei der Erklärung seines genuinen Gegenstandsbereichs Wirtschaft erhebliche Defizite aufweist. Damit aber begann die Soziologie, die von Talcott Parsons gezeichnete Abgrenzung der beiden Disziplinen zu überschreiten und sich wieder mit dem Kern wirtschaftlicher Phänomene zu beschäftigen.

In den USA zeigte sich die Renaissance der Wirtschaftssoziologie zuerst in der Netzwerk- und Organisationsforschung. Eine zentrale Bedeutung für die neue Wirtschaftssoziologie erlangte der in einem einflussreichen Aufsatz von Mark Granovetter geprägte Begriff der „Einbettung", mit dem der konstitutive Zusammenhang von wirtschaftlichem Handeln mit Netzwerkstrukturen, kognitiven Mustern und politischen Institutionen erfasst wird. In Europa setzte die Renaissance der Wirtschaftssoziologie erst in den 1990er-Jahren ein. Seitdem ist sie eines der schnell wachsenden und erhebliche Aufmerksamkeit findenden Felder in der Soziologie.

2. Begriff und Abgrenzung: Die Wirtschaftssoziologie betrachtet wirtschaftliches Handeln als eine Form sozialen Handelns. Im Unterschied zur modernen Wirtschaftstheorie geht sie nicht vom Modell der Nutzenkalkulation des Einzelnen aus. Ökonomische Entscheidungen und Transaktionen sind vielmehr durch gesellschaftliche Einflüsse und kollektive Deutungsmuster geprägt. Soziale Herkunft, Normen, Routinen, Netzwerke, Organisationen und Institutionen gehen aus Sicht der Wirtschaftssoziologie nicht nur als Kosten in die rationale Kalkulation des Wirtschaftsakteurs ein, sondern schaffen erst die Handlungsorientierung der Akteure. Entsprechend werden Märkte und Unternehmen nicht als Aggregation individueller Entscheidungen verstanden, sondern als soziale Ordnungen mit Prägekraft für das wirtschaftliche Handeln. Darauf baut die wirtschaftssoziologische Kritik an den theoretischen Grundannahmen des Standardmodells der Wirtschaftstheorie auf:

a) *Ungewissheit und Koordinationsprobleme:* Der Homo oeconomicus der Wirtschaftstheorie trifft Entscheidungen nach Maßgabe der Nutzenmaximierung. Wirtschaftliche Entscheidungen sind aber sehr häufig Entscheidungen unter Ungewissheit, d. h. die Handlungsweisen und Reaktionen der anderen Akteure am Markt oder im Unternehmen sind für den Einzelnen nicht prognostizierbar. Auch die Bestimmung von Erwartungswerten oder Transaktionskosten löst das Problem nicht, da die Reaktionsweisen der anderen Marktteilnehmer in vielen Situationen ihrerseits zu komplex und instabil sind, um als Risiken mit einem stabilen Erwartungswert kalkulierbar zu sein. So lassen sich nutzenmaximierende Entscheidungen nicht rational kalkulieren und es entstehen systematische Koordinationsprobleme, die sich aus der nicht vorhersehbaren Kontingenz des Handelns der beteiligten Akteure und Veränderungen der Umwelt ergeben. Angesichts dieser Ungewissheit orientieren sich wirtschaftliche Akteure an Routinen, Netzwerken oder sozialen Normen und Institutionen. Dadurch bleibt ökonomische Rationalität immer auf einen sozial und kulturell definierten Raum als relevant erachteter Informationen beschränkt, der sich mit dem historischen Kontext und der konkreten Situiertheit der Handlung wandelt. Koordinationsprozesse auf Märkten und in Unternehmen können nicht aus den Einzelentscheidungen der Akteure abgeleitet werden, sondern nur durch Einbeziehung des sozialen Kontexts.

b) *Entstehung und Wandel von Präferenzen*: Nach dem wirtschafts-theoretischen Modell des Homo Oeconomicus treffen die Marktakteure ihre Entscheidungen auf Grundlage einer feststehenden Präferenz-ordnung, die die subjektive Wertordnung der Güter und Dienstleistungen widerspiegelt. Bewertungen und Präferenzen verändern sich jedoch endogen durch Interaktion auf dem Markt oder in Unternehmen. Wer-bung und Marketing, aber auch der situative, räumliche Kontext des Tauschs oder des Wettbewerbs beeinflussen, wie die Akteure Güter, Dienstleistungen und Produktionsfaktoren bewerten und welche Preise zu zahlen sie bereit sind. Darüber hinaus sind diese Wertigkeiten nicht notwendigerweise den getauschten Objekten inhärent, sondern hängen auf vielen Märkten, wie etwa dem Kunst- oder Finanzmarkt, von dem Urteil von Experten und damit von einem komplexen Kommunikations-prozess ab. Eine entscheidende Rolle spielen dabei auch Klassifikationen und Kategorienbildung, womit die Wirtschaftssoziologie an die bahn-brechenden Arbeiten von Émile Durkheim und Marcel Mauss aus dem frühen 20. Jahrhundert anschließt. Dies bedeutet dann aber auch, dass die Trennung von fixer Präferenzordnung und situativer Entscheidung nicht aufrechterhalten werden kann, sondern dass die Präferenzen der Akteure sich kontextbedingt jederzeit ändern können.

c) *Das Problem der Dynamik*: Josef Schumpeter beschrieb, dass bedeutende Elemente der kapitalistischen Ökonomie wie Profit, Innova-tion, Wachstum und Krisen mit dem Gleichgewichtsmodell der Wirt-schaftstheorie nicht erklärt werden können. An diese konzeptionelle Lücke der (statischen) Wirtschaftstheorie knüpft auch die Wirtschafts-soziologie an. Gerade für die moderne Wirtschaft sind die dynamischen Elemente von herausragender Bedeutung. So verschieben sich die Opportunitäten für Anbieter und Nachfrager auf dem Markt nicht nur durch exogene Schocks, sondern die Handlungsorientierungen und Interaktionsformen auf Märkten sind in ständiger Bewegung. Sie wan-deln sich durch Einflüsse, die aus Sicht der Wirtschaftstheorie nicht zum Markt gehören, aus soziologischer Sicht aber als relevante und ubiquitäre

Kontexte in die Analyse einbezogen werden müssen. Hierzu zählen etwa das Handeln des Staates, kollektive Organisationen und Gruppenkonflikte, kulturelle und rechtliche Deutungsmuster, sowie öffentliche Diskurse um die Legitimität und Wertigkeit von Produkten.

d) *Kein effizienztheoretischer Institutionenbegriff:* Aus Sicht der Wirtschaftssoziologie entstehen wirtschaftliche Institutionen und Organisationen nicht unbedingt, wie etwa die Transaktionskostentheorie nahelegt, als effiziente Lösungen für Koordinationsprobleme, sondern ihre Entstehung und ihr Wandel folgen häufig Pfaden, die auf innere Dynamiken der Institutionen selbst oder auch äußere gesellschaftliche und politische Einflussnahme zurückgeführt werden können. Institutionen sind historisch gewachsen und wirken kognitiv und normativ auf die Handlungsorientierungen der Marktakteure ein. Sie müssen daher nicht effizient sein, um stabil zu bleiben. Zugleich verändern sie sich nicht sprunghaft, in Reaktion auf externe Schocks, sondern zumeist evolutionär und graduell, sind Gegenstand von Reformhandeln und Umdeutungsprozessen.

3. *Forschungsfelder:*

a) *Entstehung, Struktur und Entwicklung von Märkten:* Einen Schwerpunkt wirtschaftssoziologischer Forschung bildet die Frage nach der Entstehung, der Stabilität und dem Wandel der sozialen Ordnung von Märkten. Dabei dominieren, vor allem in der angelsächsischen Wirtschaftssoziologie, drei unterschiedliche Ansätze: *Netzwerktheorie, Feldansatz* und eine stärker *kulturorientierte* Betrachtung von Märkten.

(1) Harrison White hat die Struktur von Märkten als Resultat der gegenseitigen Beobachtung von Produzenten in einem Markt beschrieben. Auf Grundlage der so gewonnenen Informationen grenzen sie ihre Produkte durch Nischenbildung voneinander ab. Daran knüpft eine breite Forschung an, die die Netzwerkbeziehungen zwischen Firmen in ihrer Bedeutung für die Funktionsweise, Stabilität und Dynamik von Märkten ins Zentrum rückt.

(2) Neil Fligstein und andere AutorInnen beschreiben Märkte hingegen als Felder, in denen verschiedene Gruppen von Akteuren um soziale Positionen und Einfluss auf Regelsetzung kämpfen. Die in einem Markt etablierten Unternehmen versuchen dabei, den Markteintritt für neue Bewerber durch die Etablierung allgemeinverbindlicher kognitiver und institutioneller Standards zu erschweren. Dabei geraten auch die Beziehungen zwischen staatlicher Administration und wirtschaftlichen Akteuren ins Zentrum.

(3) Die kulturorientierte Wirtschaftssoziologie betont die Bedeutung von gesellschaftlich dominanten Wert-, Wissens- und Wahrnehmungsmustern für die Entstehung und Struktur von Märkten. So zeigt Frank Dobbin den Einfluss wirtschaftlicher Leitbilder auf die Ausgestaltung neuer Branchen am historischen Beispiel der Eisenbahnindustrie in verschiedenen Ländern. Viviana Zelizer zeigt in ihren Studien zu Geld, Lebensversicherungen und der historisch gewandelten ökonomischen Bedeutung von Kindern, dass wirtschaftliches Verhalten kulturell indiziert ist und die Expansion des Marktprinzips der normativen Legitimierung bedarf.

b) *Die soziale Konstruktion von Wert und Zukunftserwartungen*: Auf vielen Märkten lässt sich die Bewertung der Produkte nicht aus deren physischen Eigenschaften ableiten. Auf Produktmärkten für Kunst, Wein, Antiquitäten oder Mode ist der Wert der Güter selbst Ergebnis sozialer Prozesse, in dem Experten und politisch oder kulturell festgelegte Marker die Qualitätszuschreibungen der Marktteilnehmer beeinflussen. Dies illustrieren etwa die Arbeiten von Patrik Aspers oder Lucien Karpik. Ein besonderer Fall ist hier der Finanzmarkt, auf dem Ratings und andere Verfahren der Risiko- und Chancenanalyse den Marktwert konstituieren. Auf Konsummärkten wandeln sich Marketingstrategien und Nachfrageverhalten zugunsten einer wachsenden symbolischen Aufladung von Produkten. Autoren wie David Stark, Christoph Deutschmann und Jens Beckert beschäftigen sich vor dem Hintergrund der Frage des Wertes mit den Handlungsorientierungen von Unternehmern und den organisatorischen und kognitiven Voraussetzungen der Schaffung von Wert und Wachstum in kapitalistischen Ökonomien. Wann werden Investitionen als profitabel angesehen und wie lassen sich kreative Prozesse so organisieren, dass Innovationen wahrscheinlicher werden? Welche Rolle spielen dabei Zukunftserwartungen wirtschaftlicher Erwartungen, die, unter Bedingungen von Ungewissheit, als fiktional zu kennzeichnen sind?

c) *Performativität und Rechtfertigung wirtschaftlichen Handelns*: Vor allem in der europäischen Wirtschaftssoziologie lässt sich in den letzten Jahren ein deutlich konstruktivistischer Turn beobachten, in dem die Grundkategorien der Wirtschaft selbst als gesellschaftliche Konstruktionen im Denken und Handeln der Akteure analysiert werden. Autoren wie Michel Callon und Donald MacKenzie schreiben der Wirtschaftstheorie selbst einen Einfluss auf wirtschaftliches Handeln zu. Die aus der Technik-und Wissenschaftssoziologie stammende „Performativitätsthese" besagt, dass Akteure durch Sozialisations- und Lernprozesse die dem Modell entsprechende Art der Kalkulation übernehmen und somit erst zu den rationalen Entscheidern werden, die die Wirtschaftstheorie in ihren Prämissen bereits voraussetzt. Ökonomische Rationalität entsteht demnach als Produkt von Kognitionen. Marie-France Garcia-Parpet etwa betrachtet die räumliche und institutionelle Einrichtung von Märkten als Vergegenständlichung von Marktmodellen. Insbesondere in den *Social Studies of Finance* ist eine Fülle von Forschungsarbeiten entstanden, in der AutorInnen wie Herbert Kalthoff, Karin Knorr-Cetina, Yuval Millo oder Olivier Godechot die Einschreibung von ökonomischer Theorie in die Kalkulationsmuster, technologischen Instrumente und Risikobewertungen der Finanzmarktakteure beschreiben.
Vor allem in der französischen Wirtschaftssoziologie findet sich in der *Économie des Conventions* ein sehr einflussreicher Forschungsstrang, der mit AutorInnen wie Luc Boltanski, Laurent Thévenot, André Orleans oder Robert Salais verbunden ist. Diese Perspektive beschreibt wirtschaftliches Handeln auf Arbeits-, Finanz- und Gütermärkten als geprägt durch Ordnungen der Qualität und der Wertigkeit, die jenseits aller formalen Regeln und Institutionen als Rechtfertigungs- und Deutungsmuster Einfluss darauf nehmen, welche Präferenzen und Strategien die Akteure verfolgen, welchen Produkten Wert zugeschrieben wird und welche typischen diskursiven Auseinandersetzungen Marktinteraktion begleiten.

d) *Märkte und Institutionenregime*: In der Politischen Ökonomie hat sich in den letzten zwanzig Jahren die Analyse verschiedener *Spielarten des Kapitalismus* zu einem Schwerpunkt entwickelt. Beiträge zu dieser Debatte, wie etwa die Arbeiten von Peter Hall und David Soskice zu den „Varieties of Capitalism" oder die breite Literatur zur Regulierung national und sektoral unterschiedlicher industrieller Beziehungen, zeigen die Prägekraft institutioneller Regeln der Ökonomie für die Wettbewerbsstrategien von Unternehmen. Verschiedene Wege zur Profitabilität sind denkbar. Typologisch wird dabei dem angelsächsischen marktliberalen Modell, das eher dem wirtschaftswissenschaftlichen Marktmodell entspricht, das Modell kontinentaleuropäischer koordinierter Marktökonomien gegenübergestellt, mit seiner Struktur der Etablierung langfristiger Beziehungen zwischen Unternehmen, Arbeitnehmern und Finanzgebern. Die institutionellen Strukturen bestimmen die Entwicklungspfade der Ökonomien in der Frage von Innovation, technischem Wandel und der Reaktion auf Strukturwandel. Diese Forschung wird zunehmend mit wirtschaftssoziologischen Perspektiven auf die Dynamik von Märkten zusammengebracht zu einer soziologisch erweiterten vergleichenden Kapitalismusforschung.

e) *Die gesellschaftliche Bedeutung von Geld, Kredit und Finanzmärkten*: In den letzten Jahren haben sich Autoren wie Christoph Deutschmann, Nigel Dodd, Heiner Ganßmann, Geoffrey Ingham, und Axel Paul mit der Rolle des Geldes in der modernen Gesellschaft auseinandergesetzt. Dabei nehmen sie eine Traditionslinie wirtschaftssoziologischer Forschung auf, die bereits bei Georg Simmel begonnen hat. Geld ist nicht einfach ein monetärer „Schleier" über den Transaktionen, wie es die Wirtschaftstheorie annimmt, wenn sie den Wirtschaftsprozess als reinen Gütertausch konzipiert. Geld hat als universales Medium des sozialen Zugangs und Sinnbild der Handlungsfreiheit in der kapitalistischen Gesellschaft eine besondere symbolische Bedeutung. Im Geld verselbstständigt sich der ökonomische Wert und wird vielfachen sozialen Deutungsprozessen unterworfen, durch deren Analyse ein tieferes Verständnis der kalkulativen Praktiken wirtschaftlicher Akteure möglich wird. Dies zeigen auch Viviana Zelizers Arbeiten zur unterschiedlichen Deutung von Geldbeträgen nach ihrer Herkunft bzw. ihrem Verwendungszweck. Deutschmann zeigt darüber hinaus, dass die Frage des Geldes eine der wichtigsten Verbindungslinien zwischen der Wirtschaftssoziologie und der Erforschung der Dynamiken des modernen Finanzmarktkapitalismus eröffnet. In den Arbeiten von Akos Rona-Tas, Stefanie Hiss und Bruce Carruthers wird die gesellschaftliche Bedeutung von Kreditbeziehungen in den Blick genommen, in der ihnen inhärenten Widersprüchlichkeit von Profitmaximierung und Moral, der Rolle von Ratingagenturen und der sozialen Bestimmung von Kreditwürdigkeit. Andere Wirtschaftssoziologen, wie Elena Esposito, Klaus Kraemer, und Jürgen Beyer nehmen Finanzmärkte als eine besondere Art von Märkten in den Blick, die für die heutige Dynamik kapitalistischer Ökonomien eine herausgehobene Rolle spielen. In ihnen spielt die gegenseitige Beobachtung der Marktakteure eine zentrale Rolle, die starke Steuerungs-, aber auch Störungs- und Krisenwirkungen in die anderen wirtschaftlichen Bereiche haben kann.

Z

Zukunftskompetenzen

Zukunftskompetenzen sind Schlüsselfähigkeiten, die es Menschen ermöglichen, mit der zunehmenden Komplexität und Veränderung durch Digitalisierung sowie andere Megatrends flexibel umzugehen und diese zu gestalten, um sich zu einer starken zukunftsfähigen Persönlichkeit zu entwickeln, sowie den nachhaltigen Erfolg von Wirtschaft und Gesellschaft zu sichern. Zukunftskompetenzen nehmen die Fähigkeiten und Fertigkeiten in den Blick, die ein Individuum zwischen Digitalisierung und daraus entstehenden Veränderungen von Geschäftsmodellen, Prozessen und Mitarbeiterschaft benötigt. Als Zukunftskompetenzen werden vor allem Soft Skills definiert, oft wird aber auch die Fähigkeit zum Umgang mit digitalen Tools darunter verstanden. Zukunftskompetenzen sind zu unterscheiden in Hinblick auf die Ebenen

a) Ich als Persönlichkeit/Mitarbeiter/Führungskraft,

b) Team/Gruppe/Abteilung und

c) Unternehmen.

© Springer Fachmedien Wiesbaden GmbH, ein Teil von Springer Nature 2023
Springer Fachmedien Wiesbaden (Hrsg.), *50 Keywords Wirtschaftssoziologie*,
https://doi.org/10.1007/978-3-658-39308-3_19

Als die drei wichtigsten Zukunftskompetenzen werden meist folgende genannt:

a) Empathie bzw. Achtsamkeit,

b) Lernfähigkeit und lebenslanges Lernen,

c) Veränderungsbereitschaft und -fähigkeit.

Des Weiteren sind folgende Differenzierungen vorzunehmen:

a) Personenbezogene Kompetenzen setzen sich aus Kompetenzen zur Entwicklung einer starken Persönlichkeit, der mentalen und körperlichen Fitness und Fähigkeiten zur Selbstorganisation zusammen.

b) Bei den gruppenbezogenen Kompetenzen geht es um Kommunikation, Team-Tools und Arbeitsmethoden.

c) Die unternehmensbezogenen Kompetenzen umfassen das Verstehen und Anwenden digitaler Tools – von Software über Hardware bis hin zu Cyber Security, New Leadership und HR sowie die Unternehmenskultur.

Alle Zukunftskompetenzen sollen auf die Zukunftsfähigkeit von Individuum, Gesellschaft und Wirtschaft einzahlen. Für eine nachhaltige Sicht ist es ausgesprochen wichtig, Natur und Umwelt miteinzubinden. Digitalisierung als Technisierung sollte nicht ungefragt als gegebene Weiterentwicklung von Gesellschaft und Wirtschaft gesehen, sondern auch unter dem Blick von Werten und Ethik kritisch reflektiert werden.

Zukunftskompetenzen sind stark von Megatrends beeinflusst, vor allem von den folgenden:

Individualisierung, alternde Gesellschaft, Konnektivität, Urbanisierung, Wissenskultur.

Printed in the United States
by Baker & Taylor Publisher Services